# 公司凭什么器重你

Why should we hire you?

张文杰 ◎著

新世界出版社
NEW WORLD PRESS

图书在版编目（CIP）数据

公司凭什么器重你 / 张文杰著 . ---北京：新世界出版社，2015.11
ISBN 978-7-5104-5461-5

Ⅰ.①公…　Ⅱ.①张…　Ⅲ.①职业选择－通俗读物　Ⅳ.① C913.2-49

中国版本图书馆 CIP 数据核字 (2015) 第 264689 号

北京版权保护中心引进书版权合同登记 01-2015-4392

版权所有 © 万恶的人力资源主管
本书版权经由先觉出版社授权中资出版社出版简体中文版，委任安伯文化事业有限公司代理授权，非经书面同意，不得以任何形式任意复制、转载。

## 公司凭什么器重你？

| | |
|---|---|
| 作　　者： | 张文杰 |
| 策　　划： | 中资海派 |
| 执行策划： | 黄　河　桂　林 |
| 责任编辑： | 秦彦杰　张晓翠 |
| 特约编辑： | 宋金龙　王利军 |
| 责任印制： | 李一鸣　王　雪 |
| 出版发行： | 新世界出版社 |
| 社　　址： | 北京西城区百万庄大街 24 号（100037） |
| 发 行 部： | (010) 6899 5968　　(010) 6899 8705（传真） |
| 总 编 室： | (010) 6899 5424　　(010) 6832 6679（传真） |
| http： | //www.nwp.cn |
| http： | //www.nwp.com.cn |
| 版 权 部： | +8610 6899 6306 |
| 版权部电子信箱： | nwpcd@sina.com |
| 印　　刷： | 深圳市彩美印刷有限公司 |
| 经　　销： | 新华书店 |
| 开　　本： | 787×1092　1/16 |
| 字　　数： | 150 千字　　印　张：13.5 |
| 版　　次： | 2016 年 1 月第 1 版　2016 年 1 月第 1 次印刷 |
| 书　　号： | ISBN 978-7-5104-5461-5 |
| 定　　价： | 35.00 元 |

版权所有，侵权必究
凡购本社图书，如有缺页、倒页、脱页等印装错误，可随时退换。
客服电话：(010) 6899 8638

# 自 序

## 人资主管为你揭开职场的真相

过去十多年来，我一直在从事人力资源管理工作，也就是人们常说的HR。HR的主要工作是帮公司找到新员工、发薪水给员工以及安排培训，还有在必要的时候请一些员工离开。这样说当然简化了HR的工作，但如果你问我这份工作的真实内容是什么，我只能说这个问题很难回答。

一般来说，人力资源管理这个领域有一个惯例，就是当公司有50位员工的时候，就会开始考虑设置专门的HR了，然后每增加100位员工，会增加一位HR。因此，如果你所就职的公司规模很小，可能根本就不会设置HR这样的职位。我父亲管理着一家事务所，他的事务所里就没有HR；我妹妹自己开一个小公司，公司里有七八位员工，也没有HR。这其实是台湾非常普遍的现象。

就算是配有HR的公司，HR在不同公司里从事的工作仍然有非常大的差异。我曾在某家知名的行业龙头企业供职，公司的HR最重要的工作是核对员工上下班打卡、出缺勤记录以及通知求职者来面试，但HR不负责发薪水，也不参与面试和招聘工作。用我们这一行的术语来说，这家公司的HR负责的是基础的人事行政工作。

我也在某家外资企业工作过，公司的大小事务都在每周召开的经营管理会议上讨论并决定，参加经营管理会议的除了总经理、业务副总、财务总监以外，就是人资主管。我在那家外企任职的几年间，只要是涉及调薪、晋升、任免、奖惩的议题，几位外籍主管几乎都以我的意见为主。

人力资源管理工作另外一个有趣的地方在于，员工大概不太理解公司的资产折旧摊销是用哪一种方法，也很少对公司的网络服务建设表达过任何意见，但绝大多数的员工对于公司怎么决定谁的绩效优秀、怎么分配奖金、今年调薪幅度有多少等，却总是兴趣浓厚，并不厌其烦地发表各式各样的意见。要不是每个人都认为自己是人力资源管理的专家，就是人力资源管理在许多人心目中根本就称不上是一门专业。

不管原因为何，HR所面对的是和全体员工的权利义务息息相关的事情，而且这些事往往没有标准答案，也很难在短时间内看出是非对错或影响。到头来，人力资源管理成了一份颇具神秘感的工作，标同伐异、没事找事、与老板同气连枝等常常都是不喜欢HR的人对我们的评语。

最后，正因为我每天都要处理员工的入职、升迁、奖惩、辞退等工作，十几年来，我面试了超过500人；从我手中领到辞退证明的人也超过200个；我搞砸过不少工作任务，也见过无数绩效卓越的员工得不到升迁或重用；我知道很多人被录用的理由，也听闻过很多"遗珠之憾"的真实内幕。我不是什么职场达人,但希望这些和我日常工作有关的事情,可以帮助你在职业生涯中发展得更顺利、更成功!

# 目 录

## 第1章 敲开职场的大门 你知道HR怎么招聘吗？ 1

一份简历被浏览的时间不超过两分钟，如何在两分钟内俘获HR的芳心？你能想到你被录用是因为你具备一项看似与工作无关的技能吗？从制作简历到参加面试，一步一步教你敲开成功的大门。

我该怎么选择公司？ 2
薪水高低绝对不是决定选择的因素

如何准备一份别出心裁的简历？ 8
你的简历是广告，而不是说明书

网络招聘是怎么进行的？ 16
善用关键词，让你的简历被看见

请目标公司的内部员工推荐有用吗？ 20
推荐人能让雇佣双方更了解彼此

如何在面试中脱颖而出？ 25
站在用人部门主管的角度思考问题

公司如何决定谁应该被录用？　31
决策过程远比想象中不合理

从投简历到被录用，究竟要等多久？　38
"简历发出第二天就接到电话"只会出现在广告中

通过猎头找工作更有优势吗？　44
招聘网站与猎头各有利弊

我该怎么和猎头合作？　53
不要等到要找工作了，才去找猎头

背景调查会让我错失工作机会吗？　58
在职场上，尽量与人和睦相处

## 第 2 章　让自己价值百万　HR 教你谈薪资　67

薪资谈判是一场智慧的博弈，当 HR 对你说你的年薪是 10 万元时，你以为是指底薪 10 万吗？NO！有可能他说的是底薪＋奖金＋各种补贴＝10 万。不要等到入职后，才发现这些问题没有谈清楚。

关于薪资，我应该了解些什么？　68
厘清"保障薪资"和"奖金"

如何争取更高的薪资？　74
谈薪资前，先衡量自己的身价

用兼职为自己加薪是否可行？　83
尽量选择能提升自己专业能力的兼职

为什么主管可以坐领高薪？　87
主管往往承受着许多我们意想不到的压力

为什么我是这个职位等级？　91
从职位等级看公司的人资政策和思维

## 第3章 | 职场生存之道　HR 没告诉你的那些事　97

　　过关斩将进入职场，勤勤恳恳工作，却迟迟得不到升迁，是你不够努力吗？不是，只是你还没有学会职场的生存学。而这些道理，没有人告诉过你。

我在公司的前途由谁决定？　98
你的直属主管对"好员工"的定义是什么？

如何看待职场上的"人际关系"？　102
人际关系不好可能就是你错失升迁机会的原因

做听话的员工还是做有想法的员工？　107
建立自己的理念才不会被别人的意见左右

"责任制"的存在是否合理？　110
不要让"责任制"沦为"奴隶制"

办公室恋情会影响到我的职业生涯吗？　115
谨慎处理职场与恋情之间的关系

工作搞砸了怎么办？　119
你必须是第一个向老板报告坏消息的人

能否在网络上讨论和公司有关的事？　122
凡是不能被别人看见的，都不应该放上网络

虚拟世界的领导力，在职场中是否适用？　126
学习如何不用通过职位优势去影响他人

我想提前半小时下班，该怎么提出申请　129
想让公司为你改变游戏规则，先证明你值得

绩效考核究竟考什么？　133
不管制度如何，最后摆脱不了的是人性

当我遇到不公平的对待时，该向谁申诉？　139
再三考虑，低调解决问题或申请调转其他部门

在职场中，我可以有隐私权吗？　145
个人隐私和公司利益没有明确的界限

# 第4章 打造自己的品牌    HR教你职业生涯规划    151

    只有知道自己要去哪儿，才知道该往哪儿走。优秀的简历无非具备三点：名校、名企、好业绩。是否毕业于名校已经无从改变，但至少，你还能从后两者中努力。当机会的公交车到来时，确保自己是离站台最近的人。

在职场上如何打造自己的品牌？    152
让自己的简历进入良性循环

如何避开职场上的"雷区"？    157
问对问题，快速了解公司文化和工作内容

我该接受派遣工作吗？    161
把派遣期当试用期，力求表现

我想去海外工作，该怎么做？    168
主动出击才能找到合适的机会

如何表现才能获得升迁？    171
七分靠实力，二分靠人脉，一分靠表演

如何抓住职场上的机会？    177
当"公交车"到来时，确保自己离站台最近

升职后，该用什么方式对待下属？    182
信任是管理的基础

工作多年后想转行，可行吗？    186
善用过去的经验，你也可以在新领域脱颖而出

如果我被公司辞退了，该怎么办？    190
了解你的权利与义务，然后站起来，继续前进

我应该离职吗？    196
知道自己要去哪儿，才知道该往哪儿走

离职时，应该说实话吗？    201
先问问自己，主管是个什么样的人

# Why should we hire you?

## 第1章

# 敲开职场的大门

## 你知道 HR 怎么招聘吗?

一份简历被浏览的时间不超过两分钟,如何在两分钟内俘获HR的芳心?你能想到你被录用是因为你具备一项看似与工作无关的技能吗?从制作简历到参加面试,一步一步教你敲开成功的大门。

# 我该怎么选择公司？
## 薪水高低绝对不是决定选择的因素

有时候我们机遇还不错，或是我们的努力得到了上天的眷顾，所以同时得到不止一个工作机会；但大多数正在找工作的人，面对诸多职缺，最常用的战术就是乱枪打鸟。所以很多人会问出这样的问题：

- ◆ 我该怎么选择公司？
- ◆ 我到底应该选择什么样的公司，才会对我未来的职业生涯有帮助？
- ◆ 选择大公司还是小公司？
- ◆ 选择本土企业还是外资企业？

## 外资企业和本土企业

一般来说，外资企业都是在本国站稳脚跟以后，才会在国外建立子公司，就算是建立规模较小的子公司，也会沿用母公司健全且完整的制度，这一点可能是同样规模的本土企业不能比的。另外，外资企业因为不熟悉当地的法律法规，通常都会比本土企业更"安分守己"，不会轻易惹是生非。最后，外资企业大多比较注重绩效考核，支付得起高额的薪资福利，但裁员的时候也从不留情。大部分外资企业给人的感觉是，薪资福利条件好、注重绩效考核、制度流程相对健全。

但是在外资企业工作的人常常有一个感触，就是再怎么努力，也只不过是个打工仔。我以前在某外资企业工作的时候，公司里的台湾主管会彼此开玩笑说，我们公司有三个区域营运中心，分别是美洲区、欧洲区、亚太区，我们所处的亚太区是三个区域里最不受重视的，而在亚太区的所有子公司里，我们所处的子公司又是最小的。在那家公司任职的时候，偶尔有一些总部颁发的人事命令或规章难以在我们的子公司推行，但无论我们怎么反映，在全世界超过150个国家设有子公司的总部，从来不会理会我们的意见。

本土企业则不然。现在很多有能力的本土企业，无论是规章制度、竞争优势、企业文化、职业发展平台，都不输外资企业。我曾经跟着某本土企业海外扩张的脚步，到欧洲处理子公司的人力资源相关事宜，这是在外资企业永远不会遇到的机会。加上现在很多外资企业都试着本土化，本土企业则更加国际化，两者的区别变得越来越模糊。

如果不谈那些发展非常健全的本土企业，大部分本土企业都比外资企业讲人情味、重视伦理。此外本土企业对行政管理部门的运

根据专家的观点，82%的简历会被淘汰，
原因是里面提及的事实和经历不真实，满纸谎言。

作和劳务政策都很熟悉,有时候在和员工相关的权益和法律上就会游走于灰色地带,很多钱能省则省,说好听一点叫保持弹性,受到影响的其实是员工权益。

## 大公司和小公司

我刚踏入人力资源管理这一行的时候,去台湾新竹科学园区一家规模很大的高科技制造企业面试培训专员,这个职位的主要工作是新人培训。那家公司每周都有20~30个员工报到,也有差不多数量的员工离职,所以我的职责就是每周3天负责新人培训,剩下两天负责把新进人员的基本资料归档,并准备下一周的培训工作。我那时询问主管关于职务轮调和升迁的机会,他回答我说:"如果表现良好,6~8个月后,有机会负责其他培训课程,3~5年后就可以开始负责主管管理课程。"

几年后,我到了一家小公司负责做HR,公司只有不到100名员工,我的工作内容就是每个月计算1次薪水和业绩奖金,每年年终对员工进行绩效考核,并根据绩效考核结果计算年终奖,偶尔面试求职者以递补离职人员,全年办4~6次的内部培训和一些其他的人力资源项目。

小公司没有那么庞大的人员编制,分工也没有那么明确,常常是十八般武艺都要精通。但很多小公司名声不够响亮,聘用的人才能力也相对有限,你如果加入这样的公司,会接触到很多不同的工作内容,表现优异的人有机会得到大幅的调薪和升迁。不过,当你

找工作不是科学,是艺术。求职技巧
有效与否,只有程度上的差异,找工作总有运气的成分。

遇到不懂的事情时，也没有人可以教你。

大公司往往是"一个萝卜一个坑"的组织架构，有明确的升迁发展或转调的规划，而且有时等级化比较严重。员工只是大机器里的一颗螺丝钉，虽然缺了谁都会出点问题，但排队等着来当螺丝钉的却也大有人在。你负责的只是整个工作的一部分，其他的事情你可以多听、多看，但如果不能实际经手，总还是有所区别。

至于某些大公司里勾心斗角、争抢资源的现象，由于不是每一家大公司都会发生，所以暂时不在我们的讨论之内。

## 计划跟不上变化，但长远的规划仍有必要

我年轻时比较任性、不懂事，换过很多工作，就职过的企业有初创企业、不到5个员工的企业管理公司、上千人的集团型企业、信息软件公司、知名外资企业，也有几十年历史的上市高科技制造公司等。大公司的优点可能正好是小公司的缺点，本土企业的强项可能正好是外资企业最让人难以忍受的地方。很难评价这些不同的公司孰优孰劣，只要你愿意学习，都能有所收获；只要你愿意努力，大多数公司的主管都愿意给你发挥的机会。

所以这个问题和你的职业规划关联较大，而我对于职业规划的想法则是：职业规划在某种程度上其实没什么用。

正因为大公司和小公司有所区别、外资企业和本土企业也有一些差异，而你希望在加入一家公司后能学到新知识、新技能或累积一些经验，以便未来能够派上用场，但事实是，不管你曾经或现在

要想获得面试的机会，
关键在于一份为目标职位量身定做的简历。

如何规划你的职业生涯，变化往往都会在你意想不到的时候发生。

我当然不是说职业规划一定没有用，所以你的人生不需要有计划和方向。但是你必须理解，你的职业生涯会被太多不确定因素所影响。2008年金融危机爆发前，在新竹科学园区绩优企业工作的IT精英，没有想过有一天也会被放无薪假或裁员；很多在知名外资保险公司兢兢业业的上班族，可能从来没有想过自己的公司会撤离台湾，把台湾的子公司卖给本土金融控股集团。

抛开重大的行业变革，拿离我们生活近一点的例子来说，你不可能预期自己什么时候会晋升，也不可能预期你的主管会不会突然离职，新任主管会不会第二天就用自己的老部下换掉你。

你可以为自己的职业生涯做长远规划，比如20～30岁该学什么？30～40岁该挑战什么？40～50岁该准备什么？这种规划必要且适当。每一次跳槽时，多想一想自己要追求什么，所追求的是这个跳槽机会可以提供的吗？但如果要考虑更短期的规划，我觉得有相当的难度。

记得我刚开始工作的时候，几乎每一次面试都会被问到自己对于未来3～5年的职业规划，工作之后我发现，心里规划的事情几乎从来不曾在预期的时间里实现：我希望工作3年内可以把培训工作做得更熟练，然后轮调到其他岗位，负责招聘任用或薪资福利的工作，然后在5年左右的时间里升任基层主管，开始磨练我的管理技能。

结果后来我加入了一家初创企业，因为公司规模太小，虽然也许不够深入，但我差不多在从事人力资源管理工作的前3年，就把

> 面试结束后，可以尝试给面试官送去一张手写的感谢便条，这会让你显得与其他面试者有所不同。

HR 的各个领域都熟悉了一遍；就在一个我未曾设想的时刻，因缘际会成了公司的人资主管；我以为自己会在那个职位上大展理想抱负，但我在升任主管 1 年后就离开了那家公司。这当中哪一件事情是在我的职业规划当中？一件都没有。

所以我的建议是：活在当下，把现在的工作做好就对了！

很多人问我该如何选择公司的时候，我都会开玩笑地告诉对方："当然是选择愿意录用你的公司。"

你当然应该仔细思考哪一个工作机会对你的长远发展比较有利，而且决定因素绝对不应该是薪水的高低。我个人的经验是，求职过程中变化太多也太复杂，没有一个绝对正确的原则。

加入一家公司，并且认真把工作做好，在你现在的公司里，升迁、加薪的机会永远都会留给那些表现出众的员工；在其他正在招兵买马的公司，工作机会也会提供给那些可以在简历上证明自己在现在的工作岗位表现杰出的求职者。

毕竟，钱多事少离家近的工作往往轮不到你我。

# 如何准备一份别出心裁的简历？
## 你的简历是广告，而不是说明书

在开始谈这个问题前，我想先请大家看一张很多3C卖场都可以拿到的广告单（请看右页）。我相信只要是买过高科技产品的人，对这一类广告都很熟悉。这是一张数码相机的广告单，现在请你想一想：这张广告单想向消费者传递哪些信息？

首先映入消费者眼帘的信息是：相机有4种可爱的颜色、有人脸识别功能、有夜景模式、机身背后的LCD显示屏很大。然后底下才是密密麻麻的规格介绍，包括相机的尺寸、重量、像素、感光度等，传递这些信息的文字较小，占整个广告单的篇幅也比较少。

一部数码相机可能有一大堆必要和不必要的功能，包括千万像素、轻巧机身、颜色造型美观、超广角（或超长焦）镜头、防水防尘、多种拍照模式等，但重点是，消费者通常只会花很少的时间，决定要不要把某件商品纳入购买范围，只有对那些被纳入考虑范围的商品，消费者才会更仔细地研究它的功能和规格。

购买数码相机的时候，消费者的想法一般是：我想买一部有超

# 第 1 章　敲开职场的大门
## 你知道 HR 怎么招聘吗？

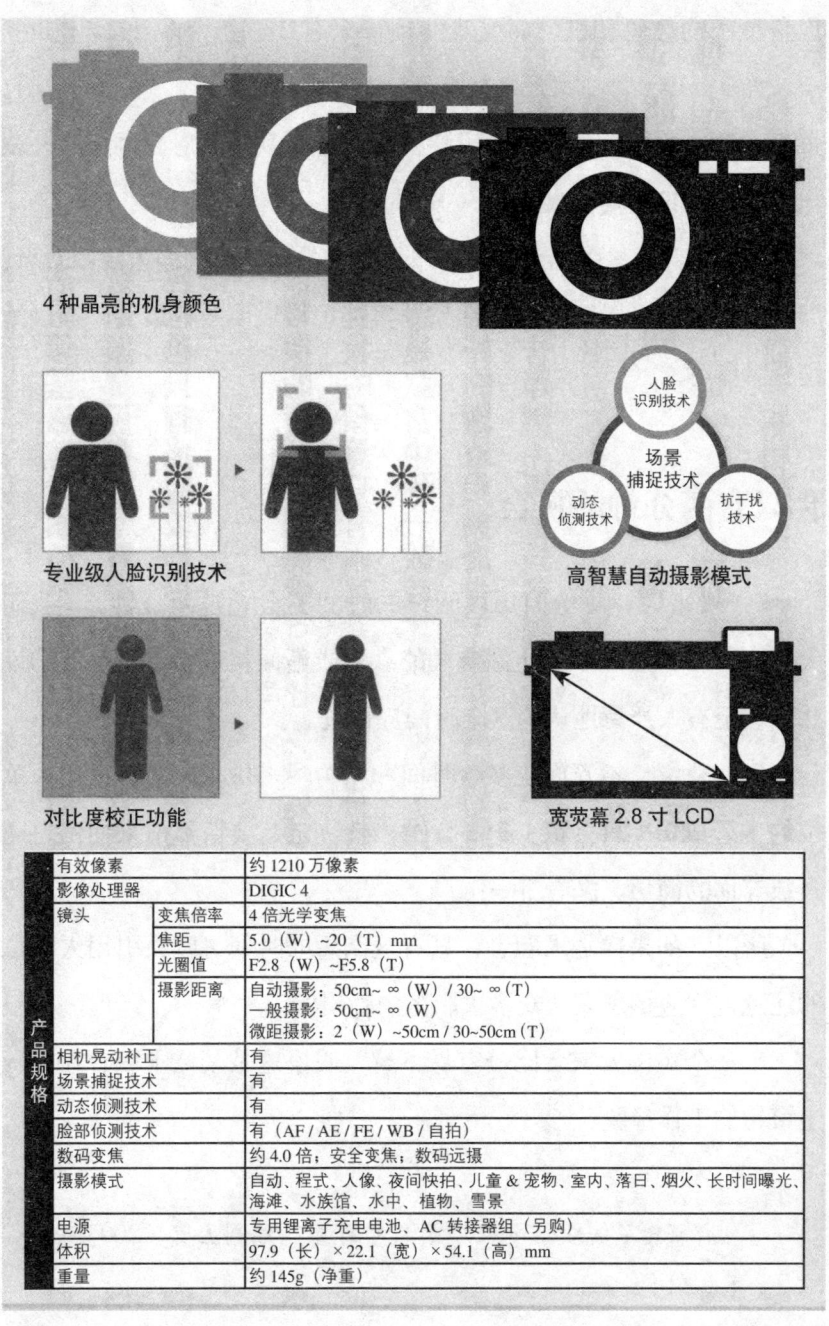

一般而言，面试中被录取的是那些用 50% 的时间说，用 50% 的时间听的人。

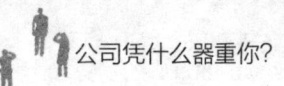

广角镜头的数码相机,而且我的预算只有 2 万新台币(1 新台币等于人民币 0.19 元,下文涉及货币单位,一律按此换算。——编者注)。市面上符合这两项条件的数码相机只有几款,然后我再从这几款当中挑一款我比较喜欢的。

正因如此,一张出色的广告单需要在最短的时间内告诉消费者:"我的商品在哪些地方高人一等。"再把规格说明放在最后,提供给消费者参考。

## 你只有两分钟的机会

"一般来说,一份简历被阅读的时间不会超过两分钟。"我们大概都曾在一些和职业生涯有关的杂志或新闻报道中看过类似的说法,甚至有人严苛地认为这个时间应该更短。

也就是说,不管你花多少时间和精力写一份求职简历,用人单位的主管或 HR 只会花 1~2 分钟,就决定是要请你前来面试,还是放弃你的简历,去看下一份。

所以,如果你是求职者,只有这么短的时间可以吸引用人单位的注意,你应该怎么从众多求职者中胜出?

举一个实例大家会比较容易了解,假设这是某位求职者在简历上填写的工作经验:

> 曾任职:XX 公司人力资源部薪资与福利主管　2007 年 3 月至今

面试中,如果想给雇主留下最好的印象,每一次发言尽量不超过两分钟。

行业：半导体业

员工规模：500人以上

工作内容：薪资架构设计／薪资调查／福利制度规划／调薪政策制定

工作守则修订／员工满意度及工作氛围调查／绩效管理制度设计／人资项目规划执行

曾任职：XX公司人力资源部人力资源专员　2004年7月～2007年3月

行业：半导体业

员工规模：100～500人

工作内容：人才招聘／培训／考勤作业流程执行／员工保险行政作业

这是一份什么样的简历？回到我在一开始提到的数码相机广告，这是典型的"规格说明"，求职者用密密麻麻的文字告诉用人单位主管他过去做了些什么事，但这位求职者显然忽略了更重要的事，那就是在最短的时间内告诉对方自己有什么地方高人一等？

## 告诉对方"我过去做些什么，而且做得很好"

你只有很短的时间去吸引用人单位的注意，让对方愿意多花一点时间了解你的其他优点。所以，请在写简历前改变你的思维：你

即使前任雇主很糟糕，也不要在面试中贬损他们。

的简历是广告,不是说明书。再来看下面这份简历:

曾任职:XX公司人力资源部薪资与福利主管　2007年3月迄今

行业:半导体业

员工规模:500人以上

工作内容:

◆ 与XX企业管理公司合作执行职位评价,设计并导入全新的薪资结构;

◆ 每年定期执行薪资调查,拟定调薪预算并提交董事会薪酬委员会审查;

◆ 推动并导入自选式员工福利计划,经评估员工满意度超过87%;

◆ 每两年一次员工满意度及工作氛围调查;

◆ 使用平衡计分卡作为公司的绩效管理工具,迄今已成功运作;

◆ 担任项目经理,完成全集团人力资源制度整合;

◆ 其他人力资源项目规划。

曾任职:XX公司人力资源部人力资源专员　2004年7月~2007年2月

行业:半导体业

员工规模:100~500人

不妨模仿报纸上的新闻给你的简历取个吸引人的标题,让自己从众多求职者中脱颖而出。

工作内容：

- 例行人才招聘工作，每年为公司成功招聘超过50位员工；
- 负责研发替代人员的招聘与甄选，3年来顺利为公司招聘18位研发替代人员；
- 执行培训工作，在职期间培训课程平均满意度达82%；
- 考勤作业流程，每年排除系统错误后，正确率达100%；
- 员工保险行政作业。

从HR的角度来看，两份简历的内容其实没有多大差别，但后者确实比原来的版本更吸引人。

因为在第二个范例里，求职者不仅告诉用人部门主管"我过去做些什么"，还告诉对方"我把这些工作做得很好"。这就是我所说的：你的简历是广告，而不是规格说明。

## 推销自己，你需要更好的广告内容

既然简历是你的自我营销广告，那么，就有一些应该要注意的原则：

不要洋洋洒洒地写流水账，数码相机制造公司不会把所有规格都放在广告页上，却完全不提自己的产品有多好。一个平面广告也

投完简历之后，
3天内记得要打个电话跟进。

许试图传递很多信息给消费者，但其实没有人会在拿到广告的第一时间就仔细阅读，除非消费者在第一眼看到这张广告的时候，就对内容产生了兴趣。

同样的道理，如果你无法在最短的时间内告诉用人单位你是一个优秀人才，那么对方为什么要花时间将你的简历看完？事实上，用人单位主管或HR可能只会花1～2分钟扫视一遍你的简历，看看里面有没有让他们感兴趣的部分，再决定要不要继续看下去。那1～2分钟往往就是你能否接到面试通知的关键。

没有一家厂商会笨到在广告上写"本相机虽然不能用来拍摄影片，但拍照很棒"这种文案。但我真的看过有人在简历上写一些负面信息，比如"虽然我曾经因为健康状况离职，但现在已经康复"这一类的字句。

我个人的看法是，那些通过负面信息来营销的广告，也许会让消费者产生一定程度的好奇心，但这种营销手法还是要慎用，毕竟不是每一位HR都愿意让大肆宣扬自己缺点的求职者来面试。

虽然这是广告，强化你的优点绝对必要，但不要写一些不是事实的内容来吸引眼球。数码相机制造商不会在相机只有500万像素的情况下，谎称它有800万像素。如果你不曾从事某一项工作，但你将它写进简历中，事后可能会给你带来大麻烦。

我曾经面试过一位求职者，他在简历中写明自己曾经执行过PeopleSoft（人力资源应用方案，通过与客户、伙伴及员工之间的协同合作来降低成本并提高工作产能。——编者注）的导入，我对这项工作颇有兴趣，于是追问了几个问题，但他回答得不太理想，后来他

先去参加一些你并不在乎结果的面试，可以更好地培养自信。

承认自己到职时系统已经上线,他只负责维护合约的签订和后续的小幅度改版。求职者这样做很容易让用人部门主管认为,他在简历上写的其他东西真实性也不高。

另外,我也不鼓励大家制作玩弄噱头的简历。比如说,我听过某家运动用品公司的 HR 提到,他曾经收到一份简历,对方将明明只有几页的简历装在他们公司一款经典运动鞋的纸盒中寄给他。这种做法在少数强调创意的公司或职位上可能适用,但更有可能收到反效果。

以上是一些简单的想法。如果你的简历常常在投递后石沉大海,也许你应该反省一下,看看能否写出更吸引人的内容。

再说一次,你现在是在推销自己,既然要推销自己,就需要更好的广告内容,而不是一大堆死板的规格介绍。

# 网络招聘是怎么进行的？
## 善用关键词，让你的简历被看见

记得我刚步入社会的时候，看报纸找工作是最普遍的求职方法。大多数公司会买一些权威报纸的广告版面，大公司会买下全版的彩色招聘版面，规模稍小的会在第 2 或第 3 页上刊登半个版面的广告，就算是很小的公司也会用一个小段落来刊登招聘信息。总之，那时候如果要找工作，就可以在周末买一些报纸，回家慢慢研究每一家公司空缺的职位，然后打印好自己的简历，贴上照片，装进信封，拿去邮局投递。

我刚开始做 HR 的时候，公司如果在周末的报纸上发布了招聘广告，周末结束后的前两三天，前台都会通知我们去搬几大箱的简历，然后回办公室慢慢拆阅，并依照职位分类转给各单位主管。

## 网络招聘是怎么进行的？

短短几年时间，看报纸找工作就已被网络招聘所取代。现在大多数的企业都会通过招聘网站发布信息，如果你有空研究一下知名企业自己的招聘网站，会发现虽然这些公司官方网站的风格大不相同，但是在填写简历和应聘职位的部分，它们的架构和104人力银行（台湾知名网络招聘机构，创办于1996年。——编者注）非常相似，因为许多招聘网站的后台，用的还是104人力银行的服务。

无论如何，网络招聘的流程都差不多。上网登录账号，网站会引导你填写简历，等填好基本信息，勾选你想要应聘的职位和相关条件，系统就会定期将适合你的职位推送给你。如果你对某个职位感兴趣，也可以主动应聘，点一下鼠标，系统就会将你的简历发送给这家公司。

当你投递简历之后，就进入了甄选的第一关，也就是简历筛选阶段。有一些公司会安排HR做初步筛选，将学历、经验或其他条件明显不合适的简历删去，然后将经过初步筛选的简历转给具体用人部门；也有一些公司会让部门主管筛选简历。

有时候因为各种各样的原因，公司无法从主动应聘的简历中找到合适的人选，就会去招聘网站的系统进行简历配对。将条件设定好，系统会筛选条件符合的求职者，除非求职者想要自己选择公司，不开放配对，HR再打电话给这些匹配者，向他们介绍自己的公司和空缺职位，询问对方是否有意愿面谈。所以有时候你没有主动投递某个职位，还是会接到某家公司的面试邀请。

从HR的角度来看，这经常是我们的噩梦，因为主动邀请人才来面试的成功率很低。比如，我们是一家传统产业公司，正计划投资某个高科技项目，但高科技人才不一定想加入一家传统产业公司；

握手的时候要面带微笑，
在面试交谈的时候仍然保持微笑。

还有一些人才会对某些特定的公司有所排斥，比如说烟酒商、博弈类游戏公司，这就需要HR花时间说服他们来面谈。

无论HR有没有参与筛选简历的工作，那些经过初步筛选的求职者，通常会由人力资源单位安排面试。面试的过程可能有所不同，但合适的人选会进入薪资核定、通知录用与确认报到阶段，这个部分每一家公司都大同小异。

## 当简历只有一种格式

我的研究生导师曾经提到："招聘网站其实也是一种电子商务模式。它的服务并不是把人力资源管理电子化或网络化，而是提供一个平台让买卖双方得以交换信息，并达成交易。"

但是当这个人才交易平台大到几乎垄断了求职或求才的渠道时，就会衍生出一些问题。记得我第一次进入新竹科学园区工作的时候，报纸还是最主要的招聘渠道，大部分求职者也仍然会撰写纸质简历。在那个年代，要找工作的人每个星期天都会买多份报纸。股价与前景一片看好的上市公司每周都要处理成箱的简历，也是在那个时候，我第一次听到别人说他们只会用1～2分钟浏览一份简历。如果你的学历和工作经验不是很精彩，你还是有机会通过用心制作或撰写简历，去吸引用人单位的注意。

时至今日，招聘网站已经掌握了绝大部分的求职或求才机会，换句话说，如果你想要加入规模较大的公司，招聘网站很有可能是你唯一的渠道。

在面试过程中，一定要让对方感觉到你的专业能力。

招聘网站的简历格式是固定的,每个求职者的格式都一样。这样一来,要在众多求职者中脱颖而出,就变得更为困难。但从企业的角度来看,标准化的简历至少有两个好处。多年前我曾去某知名企业求职,求职者必须先寄回一个信封索取该公司的简历模板,用正楷填写后寄出,否则一律不予受理;还有一些求职者对简历的填写实在不够用心,读完整份简历,还是无法确定他的专长或工作经验是否符合公司的期望,所以标准化的简历至少可以确保公司得到想要的信息,加强甄选过程的标准化程度。

其次,如果每一位求职者的简历都不一样,要比较哪一位求职者更优秀,就显得相对困难。招聘网站的客户是各个企业,它们希望提供给用人单位精良的服务,企业主管或 HR 都很忙,如果可以一眼就看出每位求职者的学历、工作经验、专业凭证等,就可以花更少的时间,快速地把不适合的求职者排除。

## 网络求职必须知道的事

如果你是求职者,势必要思考网络招聘的窍门。比如说,你必须在简历中提到所属领域的热门关键词,例如云端、APP、职位评价、平衡计分卡等,让你有机会在系统搜寻简历的时候被挑选出来;放一张看起来阳光、乐观的照片,会增加你的面试机会;而那些连一段文句通顺的自我介绍都没有的求职者,很有可能第一时间就被删掉。这些细节虽然不起眼,却是网上求职者必须知道的事。

# 请目标公司的内部员工推荐有用吗?
推荐人能让雇佣双方更了解彼此

绝大多数公司,尤其是有大量人力需求的公司,几乎都有"人才推荐奖励办法"。理由很简单,绝大多数和招聘渠道有关的研究都证明,由公司内部员工推荐人才加入公司,是最有效的招聘方式。

在职场上,总有一部分人抱着"自己只不过是混口饭吃"的想法工作,这样的员工肯定对公司颇有怨言,也不会想推荐自己的亲朋好友加入公司。所以,当公司有一个职位空缺,如果公司的员工愿意推荐他认识的人前来任职,就表示那位员工对公司是肯定且认同的。很多HR定期在公司内部进行员工意见调查,得出的结果是"乐于推荐别人加入公司的员工比乐于告诉亲朋好友自己在哪里上班的员工对公司的认可度更高。"

## 向朋友打听工作内容

有时候公司在招聘网站上填写的职位内容不够清楚、准确,这也在意料之中。举一个简单的例子，公司的资深电路设计工程师离职，要找一个人来接替，但是研发单位主管很忙，讲话又比 HR 有分量，于是随口说了一句："抄上次我们招 XX 进来时的职位说明就好了。"

或者甚至连这随口的一句话都没有，有时候是 HR 或研发主管的秘书上招聘网站搜寻竞争对手，看哪家公司在招聘同样的职位，然后大幅度抄袭、小幅度修改后，职位说明就算完成了。

再回来谈我们的问题，当你发现求职公司的职位说明写得不清楚时，你将难以评估自己究竟能不能胜任这份工作，到底要不要寄简历去试试看，以及会不会在面试后才发现自己白忙一场。

如果你有朋友正好在这家公司工作，他说不定正好和 HR 或用人部门里的某人有一点私交，他就可以帮你打探一下空缺职位的相关信息，他可能会对公司的 HR 说："最近公司的 XX 职位是不是空缺？我有一个朋友正好有兴趣，不知道可否了解一下详细信息？"当你知道这个职位的工作内容、专业需求，你就可以针对这个职位改写你的简历，也可以为面试稍做准备，以增加录用几率。

## 了解公司文化

公司内的员工也比其他人更了解公司的文化。很多时候，一位新加入公司的员工之所以在很短时间内离职，其实不是专业的问题，而是对公司文化不适应。通过员工推荐，推荐人事先会评估被推荐者在特质上是否适合自己的公司。比较活泼的公司，员工可能就不

准备不同版本的简历，
依岗而投。

会推荐自己身边比较内向的朋友加入；高层比较看重学历的公司，员工就会婉转告诉自己学历稍差的朋友，即使加入公司可能也不会有好的发展机会。

很多时候，自己投简历找工作，简历投出后便石沉大海；有时候就算在职时找到了一份新工作，你还是不太确定自己是不是应该离职，去加入这家无论是规模、工作流程和企业文化都与现在的公司截然不同的新公司。如果你是通过朋友找工作，他很有可能已经在心里先评估过你是否适合他们公司，以及你投简历后究竟能否被录用。

前一段时间我有一位朋友 M 先生想换工作，正好看到另外一家知名手机制造商在招聘硬件工程师，M 先生就请他在那家公司的朋友 C 先生替他引荐，结果 C 先生婉转地告诉他："你上一份工作的时间不满两年，这样的履历在我们公司会被 HR 直接排除。"

## 让推荐人帮你发声

找工作或聘人才，对劳资双方来说都是一种赌注，求职者不能凭一两次的面试，就知道这家公司究竟有什么优缺点；而公司也不能光凭几十分钟的谈话，就知道求职者是否符合公司的期望。这时如果有一个中间人存在，对双方都是一件好事。

比如说，其实你一直以来工作表现都不错，但因为上份工作的公司组织结构非常扁平化，所以你始终没有得到升迁。这时候如果有一位推荐人替你扮演一下说客，告诉 HR 或用人部门主管："他一

巧妙三招温暖你的简历：选一张微笑的工作照；写一段个人点评，放到工作信息条前；找一些关键词并加重。

直没有升迁是因为他们公司的组织结构问题,其实他的工作内容与我们公司部门主管的工作很相似。"这真的会给你加分。

所以如果你的简历上有一些显而易见的缺点,让你在应聘中屡屡受挫,那么请公司内部员工推荐,并为你说几句好话,可以有效地降低负面影响。

## 公司其实很欢迎员工推荐

如果你问我:"难道你不会怀疑因为他们是朋友,才刻意替朋友说好话吗?"我不否认确实有人为了推荐自己的朋友加入公司,而过度隐瞒朋友的缺点或夸大朋友的优点。但也别忘了,每一位推荐人都是拿自己的信用替朋友担保,万一被推荐者加入公司后表现不如预期,以后HR或用人部门主管看到推荐人,时不时给个白眼,大概也不是推荐人所愿意见到的。

我的个人经验是,其实大部分人都不会贸然推荐不适合的人加入自己的公司,因为那对自己在公司的名声没有好处。除非推荐人本身就是工作绩效很差的员工,否则大部分的HR或用人部门主管都会倾向于相信推荐人对应聘者的正面评价。

一般来说,新进人员当中会有相当比例的人因为不适应新环境而离职,而且有时候这个数字高得吓人。我听过某家知名的网络信息公司,它一年内的新人留任率只有60%。换句话说,公司招100个新人,有40个人会在1年内离职!这对负责招聘工作的人可以说是沉重的打击。

调查显示,现实生活中凭陌生简历进入笔试和面试环节的比率通常为5%~10%。

不过，如果是通过员工推荐加入公司，留任率往往会高出许多。首先，被推荐者在公司里已经有朋友，在加入公司以前就对公司的优缺点有一定程度的掌握，不太会有不切实际的期望，加入公司后在情绪上也不会有较大的起伏。

再者，有一些新人之所以早早离职，只是因为对新环境不适应，而推荐人往往可以帮助新人融入新环境，更快在公司里结交新朋友，也会更早找到工作状态。

最后，因为他们是朋友推荐来的，就算真的觉得不适应，可能也会碍于朋友的面子，因为不好意思辜负朋友而愿意多工作一段时间。有时候多工作的这一段时间，会帮助新人度过最艰辛的"菜鸟"阶段。

所以说，HR是不是会对公司员工推荐的人才感兴趣，答案显而易见。但如果你要追问："为什么上次XX答应帮我推荐加入你们公司却没有下文？"那我只能告诉你，我每年都会收到公司同事转投过来的一些简历，他们会特别加一句："他是我的朋友，很想加入我们公司，说真的我不推荐他，不过还是给你们提供一个参考。"

# 如何在面试中脱颖而出?
## 站在用人部门的角度思考问题

从事 HR 这么多年,有时候还真的会遇到一些很"有趣"的面试。

场景 1:我通常都会请求职者介绍一下自己,作为面试的暖场。有一次求职者问我:"请问用英文介绍还是中文?"我说都可以,不过如果可以用英文,那当然更好。结果也许是因为求职者太过紧张,我听到了一个结结巴巴,甚至有一些已经不是完整句子的英文自我介绍。

我难免会想,我并没有逼迫你,而是你自己要用英文自我介绍,那就代表你来面试之前已经做了充分的准备。如果经过练习的英文都只能讲成这样,那我简直不敢想象你的英文到底有多糟。

场景 2:有一位年近 30 岁的求职者,大学毕业退伍至今已经将近 6 年,曾经做过 4 份工作,可是最长的一份工作也只做了一年多。6 年来,有工作的时间加起来还不如待业时间长。40分钟的面谈结束后,我对他唯一的印象就是"没有想法",无论是对我们这个产业、对我们公司、对这份工作,他给出的答案都不是很明确,唯一回答得比较明确的是他的职业规划,他希望5年以后当上部门主管。问题是,有可能吗?

场景3:有一位应聘营销主管的求职者,简历上洋洋洒洒写了七八家知名高科技产业的工作经验,不过在每一家公司工作的时间都不算太长,最长的工作是15个月,短的只有6个月。顶着留美硕士的学历和侃侃而谈的口才,他的每一段工作经验听起来都非常辉煌和成功,但是既然这样,为什么要离职呢?"因为我一个人独立把这个产品做起来,而且我负责的产品收益就占公司总收益的60%,但总经理给我的报酬与我的付出不成比例。"

我并不太相信,一位只做半年的产品经理,有资格说一项产品的收益全是自己的功劳;而让我真正无奈的是他打算加入我们公司的理由,是因为"贵公司在业界的地位和名声,应该会对我的个人资历很有帮助"。我在面试完以后,直接建议用人部门主管婉拒这位自我膨胀的求职者。

场景4:有一位求职者应聘我们公司的处级主管,他大学念完后赴美取得硕士学位,在台湾非常知名的制造工厂工作过,当猎头推荐他的时候,说真的,我觉得这位求职者的工作经验相当亮眼,也符合我们的期望,就安排了他和总经理以及当时任职HR的我面谈。总经理和他谈了大约30分钟,面谈结束后告诉我,这位求职者一直翘着二郎腿、用侧脸朝

> 对于招聘官来说,他们愿意看到的是求职者职位匹配的能力,而不仅仅是非贵公司不去的大彻大悟。

向总经理，几乎没有正眼看过他，最后总经理问对方有没有什么想进一步了解的地方，对方也很干脆地回答说没有。所以我们总经理只告诉我："我想他应该不想加入我们公司吧。"

这一类的故事真要分享起来，每一位 HR 大概都有一箩筐。很多人的面试过程不太顺利，有一部分原因是求职者不了解自己，而更大一部分原因是他们不了解 HR。

## 从客户的角度出发

面试中有很多细节需要注意：准时到达、穿着得体、把到达公司后的每一刻都视为面试的一部分、事先花一点时间了解公司和产品、肢体语言和眼神手势力求诚恳稳重，然后当然是想想会被问到哪些问题、应该怎么回答，一句话将这些事情讲完就是——从客户的角度出发。

这种说法听起来可能有些言过其实，毕竟求职者不是商品，可是从另外一个角度来看，每一位求职者都是在推销一件商品，那就是自己。同样的，每一位 HR 也是在推销一件商品，那就是任职的公司。所以，你要怎么让自己推销的商品被对方接受？不如换一个思路，先思考如果你是用人部门主管，你想找一位什么样的下属。

我们都当过求职者，在找工作的过程中，我们都想知道这份工作的更多细节，除了详细的工作内容，还包括企业文化、工作氛围、升迁机会、薪资福利等。同样的道理，对雇主来说，用人部门主管

简历误区：第一是不懂得怎么写，随便拿个模板做填空题；第二是造假。

或 HR 也会试图通过面试了解求职者的能力、经历,以及应对、分析与解决问题的能力,发现求职者的优缺点,进而评估这个求职者到底值不值得录用。

所以,你只要先想一想,如果今天你有机会当主管,你想找一个什么样的人来当你的下属,然后再反省一下,自己有没有在求职的过程中展现出那样的条件和进取心。这似乎是很好理解的事情,但实际做到的人并不多。

## 掌握面试表现的四个重点

某家业内知名的企业管理公司曾经提出,面试甄选的标准大概可以分为以下四类:

经验:求职者过去做过什么?
能力:求职者未来可以做什么?
特质:求职者是什么样的人?
动机:什么因素可以激励求职者有好的表现?

所有的甄选项目,包括求职者的学历、工作经历、完成过什么项目、曾经有过怎样的失败经验、外语能力如何、学习能力怎么样、个性温和还是态度积极、喜欢团队合作还是独当一面、有没有证书以及有哪些证书、期望待遇是多少、未来的生涯规划是什么、想当主管还是做技术专家、有没有某种特殊的技能、求职者前来任职的

与面试官说话时要注意用"先说结论,再说理由,时间允许说详细"的说话方式。

意愿有多高等，都不外乎上述四种类别。

我们现在不妨就用上面的分类来思考，如果我是用人部门主管，今天需要招聘消费性产品的营销企划专员，我会希望求职者满足哪些条件？再站在用人部门的角度审视自己的简历，你的简历足以让用人单位的 HR 看见这些条件吗？对方看到你的简历后会通知你过来面试吗？

我见过很多求职者的简历上错字连篇，连应聘的公司和职位都会搞错，自我介绍也不写，这样的求职者会让我觉得连最起码的尊重都没有得到，我是不会给他们面试机会的。可是偏偏从招聘网站投过来的简历中，还是有一大堆人不符合那些一提再提、老掉牙的标准。

同样的原则也适用于面试。除非你是完全没有工作经验的新鲜人，否则面试官会问哪些问题，其实真的不难想象。可是我的经验是，很多求职者在面试过程中的表现，就像完全没有准备一样。当一位求职者连简单的自我介绍、过去的工作经验这一类问题都回答得不够清楚，那我还会录用他吗？

还是一样的道理，先仔细阅读该职位所列出的条件，自己是否满足这些条件，如果没有这样的经验，有没有什么方法或实务经验可以补充，说服对方自己能够胜任这份工作，你就更有可能在面试中取得成功。

大部分尽责的面试官会在面试前花一些时间仔细阅读求职者的简历，包括每份工作做多久、为什么离职、两份工作之间间隔多长的时间、前一份工作和后一份工作是不是有关联性、职业生涯的目

对于第一印象，不用打扮得像结婚一样正式，正确的做法是与你应聘的岗位气质相符。

标是不是已经确定，然后会思考是否有需要进一步询问的问题。所以，如果准备一次面试的时间比面试官还少，你又如何能够在甄选过程中击败众多对手呢？

这里附赠一句老掉牙的格言：成功属于有准备的人。

## 公司如何决定谁应该被录用?
### 决策过程远比想象中不合理

你可能从来不知道,公司在决定录用谁这件事情上,远比你想象的不科学。

假设你是女生(如果你是男生,把以下的情境调换一下就行了),现在请你想一想,你的择偶标准是什么?我们姑且开玩笑说学历高、身材高、收入高这三高是择偶的标准好了。请问,身高一米八、本科学历的 A 男和身高一米七五、硕士学历的 B 男,哪一个条件比较好?身高一米八三、月薪 4.2 万的 C 男和身高一米七八、月薪 4.5 万的 D 男,又该怎么选择?硕士毕业、有 100 万存款的 E 男和专科毕业但有 200 万存款的 F 男相比又如何?

"等等!你在开玩笑吧,哪有人这样选男朋友的?"我猜大多数人会这么抗议。因为你很难想象有人会把学历、薪资、身高、外貌、家世等因素放在同一个天平上,理性地加以比较,然后从中选出一个条件最好的男朋友。

因为从事人力资源管理工作,我被问过各种各样的问题:"如

果我先去进修，等拿到硕士学历再出来工作会更好吗？""在简历上写社会实践经验会给自己加分吗？""我32岁才想跨入这一行会太晚吗？""我只有大学专科学历，如果我去念一个本科会对找工作有帮助吗？""我上一份工作只做一年半就离职，会影响到我找下一份工作吗？"

究竟求职者的学历、经验、年龄、离职原因等因素，对求职的影响有多大？

我的个人经验是：这些条件都有影响，也都没有影响。

## 甄选标准建立在"假设"上

从科学化管理的角度来看，专业的甄选过程应该是：先对空缺职位进行工作分析，确定做好这份工作需要具备哪些知识、技术、能力或特质，然后为这些条件设定权重和标准，在甄选中逐一确认每一位求职者对每一个条件的符合程度，最后计算出总分，以决定谁被录用。

但实际上，绝大部分的甄选标准都是一种假设。比较常见的例子是"拥有硕士学历的求职者起薪高于大学本科求职者"，是因为我们假设硕士学历的员工在能力上高于本科学历的员工。这不一定是事实，因为我们都遇到过一些不知道他是怎么拿到硕士学历的求职者，但大多数 HR 显然还是按照这个标准执行的。

比较有争议的则像是"大学本科毕业生的起薪应该高于大学专科毕业生"，这样做就代表公司认为前者的能力高于后者，有趣的是，

求职必备五个行头：一个固定的 E-mail 地址、一个固定不变的电话号码、一身正式的套装、一个质地精良的包、一个求职笔记本。

我问过很多主管这个问题，不少大学本科毕业的主管都认为应该如此，但是大学专科毕业的主管几乎都持反对意见。

由此可见，企业的很多甄选标准，都是建立在许多未经证实的"假设"上。

## "不要找来不适合的人"是最高原则

当一位用人部门主管通过甄选程序决定录用某人的时候，这个决策会有以下四种情形：

正确的接受：我们认为优秀的求职者，录用后果然表现杰出；

错误的接受：我们认为优秀的求职者，录用后表现不佳；

正确的拒绝：我们认为不合格的求职者，万一录用的话表现也不理想；

错误的拒绝：我们虽然已经很谨慎，但还是不小心拒绝了一位其实很优秀的求职者。

对公司而言，第三种和第四种状况通常是无感的，我们婉拒了一个求职者，他后来去了哪里、表现好不好，我们都不知道。然而，同样是犯错，除非我们拒绝的杰出求职者跑到竞争对手那边去，并且痛宰我们，要不然对第四种错误的心痛远远不如第二种。

如果你是 HR 或用人部门主管，选择一个不合适的求职者加入

> 最终被录用的，不一定是最能干好那份工作的，而是最懂如何才能被录用的人。

公司,会把部门搞得人仰马翻。因此在甄选过程中,任何一个无意显露的缺点,都可能会被过度放大。所以,用人部门主管或 HR 通常倾向于选择各方面都较稳定、在甄选过程中没有犯错的求职者,比如那些服装仪容看起来干净整洁、应对进退得当、谈吐聪明伶俐、有高学历、在优秀的企业工作过,而且表现不错的求职者。甄选的最高指导原则常常是"不要找来不合适的人",而不是"尽可能替公司招揽优秀的人才"。

## 主管的决策过程

决定谁该被录用,对很多主管而言是一段艰难的心理历程,比如"这家伙专业技能还不错,但上一份工作只维持了一年半,说不定稳定度不够高;不过话说回来,我现在正缺人手,最近工作量又大,好吧,先让他试试看好了"。

"A 先生学历比较高,对未来的职业生涯也比较有想法;B 小姐无论是专业度还是对未来的想法,都不如 A 先生。不过 B 小姐最大的优势是以前做过类似的工作,不用从头开始培训。所以,如果我们要找一个新人来培养的话,那就 A 先生吧,但如果我们需要的是一个马上就可以接手工作的人,那就是 B 小姐。"

或者是"这位小姐几个问题都回答得很一般,但她上一份工作是在 XX 公司,在那么优秀的公司工作了这么多年,应该不会太差,再多问几个问题好了"。

在大部分的甄选过程中,决定你会不会被录用的程序是:先针

如果发简历的时候没有特别的目标雇主,"关键词"很重要。

对你的整体印象给一个基本分数，再看哪一项可以给你加分，哪一项会让你减分，就这样加加减减。用人部门主管会在心里给你一个最终的评价，再拿来和其他求职者比较。

但你大概不会知道，简历上的哪一处会被拿来作为加分项，哪一处会被减分，这些都因人而异。

很多年前我加入一家公司。报到后的第一个任务是主管请我整理一下之前的简历，我这才发现，很多和我一起竞争这个职位的人，学历和经验都比我显赫许多。于是我开口问了我的直属主管。结果他说，我之所以会被录用，当然专业是很重要的，在几位他认为专业符合要求的求职者当中，我是男生，必要的时候可以帮忙搬东西（十几年前绝大多数从事人力资源管理工作的都是女性），另外我在校期间有美术编辑的经验，而人力资源部门必须发行内部刊物，如果我加入就不需要再委托外包厂商排版。那是我第一次听到用人部门主管的决策过程，我还记得当时听完之后有一点傻眼，自信的感觉顿时打了折扣。

## 努力让自己看起来是个优秀的求职者

正因为我们没有办法从只有几分钟的面试中确定这位求职者的表现到底如何，所以很多人会参考别人的决定，设想那些在台积电（台湾积体电路制造公司，全球第一家也是最大的专业集成电路制造服务企业。——编者注）工作多年的员工很优秀、在花旗银行参加过储备干部培训的员工很优秀、年纪轻轻就在宏碁得到升迁的员工很

调查表明，有经验的人力资源从业者，用8秒就能扫视完一份简历。

优秀、在鸿海集团拿到绩效考核一等的员工很优秀。

作为 HR，我可能认为我所在的公司和台积电、花旗、宏碁、鸿海都不一样，在那些公司表现优秀的员工，在我的公司不一定有同样杰出的表现。但面试官在信息非常有限的情况下，只能根据求职者以往在哪些公司工作过，表现如何，来判断对方是不是值得被录用。

想要得到一份工作，你可以让自己看起来像一个优秀的求职者。每一位部门主管对优秀的定义都不同，就算是同一个部门、同一位主管，如果某个职位需要跟其他部门的员工合作，也会影响到用人部门主管的用人标准。但无论如何，你一定要有一些过人之处，让阅读你简历和面试你的人想要进一步认识你。

在校时期的好成绩和社团经验放在简历里当然好，不过如果你工作了两三年后，还是只有在校时期的成绩和经验值得一提，那就糟了。

很多资深的职场前辈都说，一份工作做不满两年是不合格的，但也有人说是一年或三年。我的观点是，无论哪一种说法都不是绝对的，这要具体问题具体分析。如果你是年轻人，第一份工作短一点可以被原谅，偶尔一次跳槽时看走眼也不会成为致命伤，但如果你连着几份工作都做不长，你就很难说服别人那都是公司的问题。

如果你的专业非常优秀或是你拥有某项稀缺技能，那么，你有一些缺点也不至于被扣太多分，但如果你应聘的是人才供给充足的职位，那一点小毛病就会让你和录用通知书失之交臂。

如果你没有出色的工作成绩，吸引人的学历当然会是你的卖点，

面试之前，详细调查市场上相关职位，目标公司相关职位的薪水状况。

但如果你在之前的工作中曾经创造了出色的绩效，就很少有人会在乎你是不是名校出身。

如果你问我，到底什么样的求职者会被录用？答案真的不难：你的专业知识应该比别人强，你的经验应该比其他人丰富，你积极进取的进取心应该让人印象深刻，你应该是一个能够适应团队协作的人，遭遇挫折时你比其他人更晚放弃……你当然不必具备所有优秀条件，但你肯定不能什么优秀条件都没有。

# 从投简历到被录用,究竟要等多久?
## "简历发出第二天就接到电话"只会出现在广告中

很多求职者都想知道:

◆ 投了简历以后,到底要等多久才会接到面试通知?
◆ 到底要经历多少次面试?
◆ 面试以后要多久才知道结果?

我们可以用一句话概括林林总总的问题:一家公司的招聘程序是怎样的?

其实,每家公司都不相同。我常常会提醒一些在找工作的朋友,找工作的人和在公司里工作的人,对时间的概念截然不同。我的工作非常忙碌,经常在各个会议室间奔波,偶尔还要到海外出差,常常造成一种"一个星期下来什么事情都没做"的错觉。

我自己当然也找过工作,找工作的时候总会希望简历发出的第二天就接到面试通知,但这种情况其实只会出现在招聘广告里。

## 平均每打 3 个电话才能约好一场面试

绝大部分企业的招聘流程都比较相似，筛选简历，从中找出符合甄选条件的求职者，然后请人力资源部门邀请面试，用人部门主管会事先和 HR 商定好面试时间。

不难想象，通知面试这个工作有点难度。大部分 HR 的上班时间都和你差不多，所以他们只能在上班时间打电话给你，问你能否来面试，但你在上班时间可能并不方便回答这些问题，你必须请对方晚些时候再联系你，或是你自己有空的时候回电话给对方。当你有一天发现隔壁的同事在上班时间接到一个非常神秘的电话，他不是压低音量，就是匆忙离开座位去讲电话，然后过两三天跟老板说自己有私事必须请假，你就可以猜测，他可能正在找工作。

另外一种可能是，尚未离职的你很难请假配合新公司安排的面试时间，于是你提出了一个你方便的时间，但对方必须回过头去和用人部门主管再次确认时间。总而言之，我的经验是，HR 平均每打 3 个电话，才能约好一场面试。

## 面试的各种形式

台湾有一家非常知名的行业龙头企业，HR 会从求职者的名单中筛选条件符合的人，然后直接发 E-mail 通知其前来笔试，只有笔试通过的人才有机会进入面试阶段。我为什么会知道？因为我也参加过这家公司的笔试。在收到 E-mail 的时候，我还以为笔试和面

如果面试官问你能否立刻辞去现有的工作，你的回答应该是："我需要征得现在雇主的同意。"以体现出你对目前工作的负责。

公司凭什么器重你?

试是在同一天进行的,所以西装革履地前往该公司,却只见到一位HR在监考,而整个考场大概有三四十个人,分别在填写不同职位的不同笔试考卷,考完后就回家等候面试通知。这也算是一次特别的经验。面试的方式有千百种,我在多家不同类型的企业工作过,而每一份工作都是经历了多次面试才找到的,大部分企业会在一次或两次面试内完成甄选。

我第一次担任HR的那家高科技公司,只有一轮面试,而且HR只协助联系面试者,并不参与面试,用人部门主管会亲自判断求职者是否合适。很多人力资源相关的学术研究都认为,HR在面试的过程中确实可以提供一些和用人部门主管不太一样的观点和角度,有些公司的HR虽然会参与面试,但往往只对求职者进行初试,复试还是要由用人部门主管单独完成。

我现在任职的公司,每一位求职者会经历初试和复试两个阶段,初试会由这个职位的直接主管进行,如果需要笔试,也是在初试的时候一并进行。通过初试的求职者会再安排复试,由用人部门主管和HR进行面试。一般来说会有2～3位求职者进入复试阶段,最后录用其中一位。就我从事人力资源管理工作多年的经验来看,大部分公司都采取类似的面试程序。

## 当然还有其他不同方式的面试方法

我替公司的某些部门设计过多对多面试的程序,也就是在面试的程序当中,同时有多位面试官面试多位求职者,由面试官对所有

简历的要点不是精美,
而是实用,要让对方看出你是合适人选。

的人提出同样的问题，然后每一位求职者轮流回答，再由每一位面试官分别打分。先回答的不一定吃亏，后回答的也不一定就占优势，这种面试的好处是可以在短时间内一次面试很多人，但通常只适用于某些特定的职位。

我还听过某家公司的面试方式是同一个部门会有3位有可能成为你未来同事的人轮流面试你，这些人都拥有否决权，任何一个在谈完之后如果觉得"这家伙不能成为团队的一员"，你就直接出局了。就算之前每一个人都觉得你"还不错"，也要看最后一位面试官——也就是老板——的看法，他才是真正决定你会不会被录用的人。换句话说，你有可能见到1～4位面试官，只有见到第四位面试官的人，才有机会被录用。

这大概是我听过最奇特的面试程序，而应用这种奇特面试程序的正是全球首屈一指的软件公司。

不管面试一次还是两次，你都应该知道，一个职位也许需要安排3～5名求职者，然后从中选择一个最合适的人选。每一家公司的每一位主管都有很多工作要做，不会只负责面试，所以如果你能在两周内收到录用通知，那么这家工作应该算高效了。

## 等待的原因各种各样

决定要录用哪一位求职者后，大部分公司还有一套任用程序。这通常会包括核定职位等级和薪资，然后递交聘用书，等高层批准后，才能向求职者发送录用通知，确认报到时间。

初入职场人士须知：气质是关键，如果时尚学不好，宁愿纯朴。

如果是那些人力资源运作比较专业的公司，人力资源部门会在这时通知其他竞争这个职位，但没有被录用的求职者，向他们发一封"致歉信"，表示虽然这次没有录用你，但是公司已经把你的资料留在数据库中，希望未来还有合作的机会。

有时候用人部门主管担心被录用的人最后反悔不来报到，所以会请求人力资源部门先保留另外一个没有被录用但表现也很不错的求职者的资格，等到被录用的人来报到后，再发抱歉信给他。身为HR 的我们，每次收到用人部门主管这样的请求，都会有一点为难，因为不太喜欢跟求职者实话实说："你其实在候补名单中。"所以大部分时候，我们会找一些理由，比如告诉求职者用人部门主管最近很忙，大老板又出差不在公司，不能做最后决定等，能拖多久就拖多久。

有一次，我要招聘自己的下属，从我在招聘网站上发布信息，到找到第一个可以约来面试的人，中间隔了4个工作日；而约这位求职者前来面试，大概又用了4~5个工作日。如果打算挑两三个人来面试后再做决定，那么走完整个程序还需要一段时间。

以前，我在一家规模较小的公司工作时，招聘与甄选的工作量较小。公司的总经理常说："如果一个职位空缺了一个月，而主管还可以忍受，就代表他不是真的需要人。"那时，递补任何职缺都是以一个月为目标。

我现在所就职的公司规模很大，同时发布在招聘网站上的职位经常都有50个以上。从职位发布到发出正式的聘用合同，招聘周期大概有40天，大约6周的时间。

> 找任何工作都一样，
> 你一定要有自己的优点才可能在竞争中胜出。

当然，不一定非要在 6 周后才知道自己有没有被录用。说不定面试完后，用人部门主管马上就说不适合，一周后你就收到抱歉信；也可能你正好是在职位发布的第一天就发送简历，而且也第一时间被请来面试。有时候用人部门主管还是会不太放心，想多找几个人比较看看。结果，你明明表现很好，但也必须要耐心等待几周才会收到录用通知。

所以，从你投简历到最后有没有被录用，这期间大概需要多长时间，其实没有固定的答案。

# 通过猎头找工作更有优势吗？
## 招聘网站与猎头各有利弊

在中国，最广为人知的求职渠道是招聘网站，不过通过招聘网站找工作最让人难以忍受的是：投了简历以后，完全不知道有没有面试机会，面试完后有没有被录用的可能，如果有要等多久。所以，有一定工作经验的人，常常会谈到另外一个神秘的求职渠道：通过猎头找工作。

### 猎头怎么收费？

简单地分类，猎头有两种。他们赚的是人才中介费，这笔钱由求才的公司支付，当公司有一个职缺，想通过猎头求才，可能会将这个职缺委托给 2～3 家猎头，他们会试着为公司找一些条件符合也有意愿前来一谈的人才，然后将这些人的简历转给公司的 HR。经过复杂且竞争激烈的甄选过程，如果最后双方情投意合，公司会核定薪资给这位人才，猎头便依照其年薪的一定比例收取中介费。

另外一种情况则是，公司有一个职缺，先支付给猎头一笔固定的费用作为行政费用，猎头会替公司物色合适的对象，一旦人才和公司配对成功，猎头还是会向公司收取人才年薪的一定比例作为中介费，然后扣掉已经领走的行政费用。万一无法找到合适的人选，行政费用还是要支付给猎头。

一般而言，猎头是按人才所在职位的年薪抽取一定比例，年薪越高，说明要找的人才越稀有，或者职位越重要，因此收费比例越高。比如：年薪在 120 万新台币以下，中介费是年薪的 20%；年薪 120 万～180 万，中介费是年薪的 25%；年薪超过 180 万，中介费是年薪的 30%。当然，实际的比例会因不同的猎头而有所不同。另外，作为猎头的客户，不同公司谈成的价格也有所不同。

如果通过猎头找工作，他会协助你跟公司谈薪水，因为他收到的中介费会随着你薪水的提高而提高。万一最后双方谈不拢，人才不愿意以低薪资加入公司，或是公司不愿意花高薪聘请人才，猎头就白忙一场。因此，必要的时候，他会告诉公司应该加码留下这个不可多得的人才，也会告诉人才应该降低对薪资的期望，加入这家难得一见的好公司。

人才一报到，就说明服务完成，此时公司就必须支付中介费给猎头。不过，一般猎头会提供 3～6 个月的"保障期"。如果猎头介绍人才到某家公司，结果保障期还没有满，这位人才就因故"阵亡"的话，猎头会替公司无偿寻找下一位合适的人选，或是退还一定比例的中介费。所以，好的猎头通常不会把人才介绍给不适合的公司，因为万一人才无法适应新环境，他还得花力气免费再找下一个。

> 每一位求职者都是在推销一件商品，
> 那件商品就是自己。

## 猎头的运作实况

当公司把需求职位同时交给两三家不同的猎头时，猎头也会问自己：成功的几率有多大？找工作需要天时地利人和，能力优秀、工作经历突出的人才，也可能败给另外一位外形出色、口才过人的人才，这种事情谁也说不准。所以，猎头不会花太多心思在那种年薪低同时有太多猎头竞争的案子上。遇到这种职缺，猎头会从人才数据库里找出几个适合的人选，写一份报告提交给企业的HR，碰碰运气就完了。

另一种情况是，企业里某些特定的职位非常抢手，且要求很高，或者公司的项目非常独特，人才市场上几乎找不到适合的人才。对猎头而言，他要同时处理几家不同公司的职缺，找一个容易找的职位，可以赚20万，找一个很难找的，可能赚40万，但是花在后者上面的时间是前者的数倍。因此猎头接下这些案子，并不代表他会把心思放在这些案子上。

我们公司一直有长期合作的猎头，有一两次公司内部有一个职缺，合作已久的猎头都知道那个职位其实算是"黑名单"，市场上符合条件的人非常有限，而直属主管又是出了名的讨人厌，"阵亡率"居高不下。我们只好找一些新的猎头来试试，我们跟这些公司签了合约，请他们送简历过来，结果发现，一两个人选被我们婉拒之后，就没有下文了。意思是说，如果我对他们数据库里现成的人才没有兴趣，他们也没有更多符合条件的人选。

所以企业会考虑事先收钱的猎头。基本的操作流程是，猎头和

想要得到一份工作，
必须让自己看起来像一个优秀的求职者。

公司签约，先收取一部分费用，然后仔细了解公司需要的职缺条件、竞争对手有哪些、有没有从其他公司挖墙脚的打算以及有没有特殊的用人考虑等。了解后，他们会针对企业的需求去人才市场上找合适的人才，必要时直接打电话给目标公司里的目标人才，介绍公司的优点，并且说服员工跳槽。

这一类的猎头会在和公司的合约中注明双方议定的招聘成果。比如说，2周内他们会完成20位求职者的面谈和筛选，评估并分析每一位求职者的优缺点，最后从中选定3～5位合格的求职者，形成一份很详细的报告，提供给企业的HR。你可以进一步挑选其中的几位来面试，如果公司决定录用其中的某一位，还是要依照年薪的一定比例支付中介费。

当猎头事先收了钱，他会更愿意花心思在公司的职缺上。如果你是企业的HR，公司又负担得起这样的费用，这不失为一个好方法。

但如果你是求职者，跟这种猎头打交道就不见得是一件有趣的事情了。曾经有某一家猎头，打电话来询问我有没有意愿换工作，猎头大致描述了一下公司背景和职缺后，我告诉他我有兴趣，但从此却没有了下文，更别说进一步面谈的机会。过一段时间后，他又打来电话，告诉我有一个新的工作机会，但闲聊过后，事情又重蹈覆辙。

大部分的猎头都不想白费功夫，不会花太多时间跟不适合的求职者联络，因此主动来电的猎头，几乎都想让对方得到面谈的机会，但现在的状况是，有猎头在替某一个客户寻找合适的人才，他们打电话给我，显然是因为我符合那家公司对职缺的预期。但在确认我

学历代表过去，
财力代表现在，学习能力代表将来。

有意愿前往面试之后，我却没有得到面试的机会。这是为什么呢？直到有一天我惊觉到，我的名字很有可能是被拿来凑"第 6 ~ 20 个条件并不十分符合的求职者的名单"的！

换句话说，没有人认为我非常符合那个职缺，猎头确认我有意愿后，把和我进行简单的通话当作面谈，然后把我的简历放在推荐名单上交给客户，但我不是那前 5 个真正符合条件的人选，因此那家公司自然不会约我去面试。

所以，如果你是那前 5 位人选，你对猎头的说服力自然不用怀疑，但如果你不是，就不要奢望猎头一直把你的名字放在不同公司的求职者名单上了。

## 猎头就像业务员

以上是猎头物色人才的基本运作原理。至于哪些人会成为猎头？很多人最直接的想法是：那些资深的 HR。但实际上，我遇到的大多数猎头，都没有做过人力资源的工作。

很惊讶吗？猎头一定要有高超的面谈技巧，但他们更需要具备相关职位的专业技能。例如半导体公司要找制程主管、外商银行要找风险主管、电器公司要找商品设计主管，一般都会由用人部门主管去考核求职者的专业程度，HR 很难对求职者的专业知识、技能加以评估判断。所以，与其让一个人力资源工作者学会专业知识，还不如让具备专业技能的主管来学习面谈技巧。

很多资深的专业工作者并不想把自己的简历放在网络上，让每

无论如何，你一定要有一些过人之处，
让阅读你简历和面试你的人想进一步认识你。

家公司都可以阅览，还有一些人根本没有换工作的打算，所以猎头绝对不能光靠自己的人脉来完成工作。因此，怎么去找到这些资深且符合条件的人才，说服他们跳槽、接受新的挑战，是猎头的第一任务。

另一方面，很多人才的专业技能娴熟，可是他们的面试技巧不太好，猎头必须适度地替人才说话，告诉HR自己推荐的人为什么符合条件。更不用提很多猎头的绩效奖金，往往都是根据案子的中介费高低来计算。所以，在某种程度上，猎头很像业务人员。

了解猎头的运作方式，对求职者有什么帮助吗？这跟我们真正在意的问题有绝对的关系：是该通过招聘网站投简历，还是该通过猎头找工作？其实各有利弊。

## 通过猎头找工作有什么优势？

我自己已经很久没有通过公开的渠道找工作了，其中一部分的原因是，XX公司的HR进行人事调动，这或多或少会变成话题，而且千万不要忘了，老板的信任是HR重要的成功要素，所以通过猎头，在消息面上会得到比较好的保护。

另外，我一直觉得通过猎头找工作，在行政程序上也会受到比较好的照顾。一般来说，如果你自己投简历去某家公司，对方会先对收到的简历进行筛选，这时你可能会因为太资深或太资浅、对方的学历偏好（曾经有一位基层主管告诉我，他在找下属的时候，第一步就是把所有非知名大学的毕业生筛选掉）、期望待遇不符等原

很多人都有"好为人师"的情结，经常向老同事请教工作，既体现对他的尊重，又拉近彼此的距离。

因被筛选掉，但是你并不知道理由。如果通过猎头找工作，猎头通常会仔细地和客户沟通了解他们的期望，所以，如果你不符合客户的条件，猎头不会浪费他们自己的时间，同时也不会浪费你的时间。

如果你有机会前往面试，面试之后，做事严谨的猎头会替你追踪面试结果。以跟我经常合作的猎头为例，他每次打电话给我，都会清楚地告诉我他客户的背景资料，确认我有意愿以后，他会去和客户陈述我的优缺点，无论对方是否有意和我进一步面谈，他都会通知我。面谈结束后的当天晚上，他也会打电话给我，问问我对该职位的兴趣度怎么样，自我感觉是否有被录用的可能；然后也会打电话给对方，听听他的客户对我的评价，然后告诉我被录用的机会有多大。一直到最后确定我被录用或是没有被录用，他都会告诉我理由，用人部门对我的疑虑是什么等。

但诚实地说，这是我职业生涯中合作的第一个猎头，在那之前我因为资历太浅，都是通过招聘网站找工作。后来越来越多的猎头打电话给我，但我发现，很多猎头在我面试完之后，事情就没有了下文，如果不是面试的那家公司发"抱歉信"给我，我根本就不知道自己没有被录用。下一次再接到那位猎头的电话，却是他有另外的工作机会要介绍给我，问我有没有兴趣。

后来，我跟一些和猎头打过交道的朋友闲聊到这个话题时才知道，并不是每家猎头对每位求职者的照顾工作都做得很好，有一些猎头只会照顾那些被录用的求职者。

再者，人才市场并不是一个有效率的市场，找工作一直存在着信息不对等的情况。你可能已经在自己的工作岗位上累积了一定的

新人初入职场要沉得住气，
从小事做起，乐于做一些力所能及的琐碎杂事。

经验，也深受老板和下属的肯定和认同，可是当你接受另一家公司的面试，你必须回答为什么想离职、过去有什么成功或失败的经验、自己的优点缺点是什么等各式各样的问题，然后面试你的人还会用放大镜，试图从中找出你有没有夸大其辞的蛛丝马迹。

我偶尔会觉得，工作几年后，还要投简历去让人家秤斤论两、挑三拣四，真是一种煎熬。当然我不是说通过猎头就不会发生这种事情，但至少猎头比较清楚客户的期待。当猎头找上你的时候，某种程度上代表你已通过了初步的筛选。

再者，因为猎头营运方式的关系，他们往往肩负"把人才推销出去"的重任，所以他们会替你说一些好话，好让你看起来颇有身价。我认识的一位前辈曾跟我开玩笑说，他现在根本不敢出去面试，因为让他遵守那些"面试圣经"里所提示的每一个诀窍太难，他宁可等着猎头找上门来。所以说，如果你是一个内向、害羞的人，或是不擅于在很短的甄选时间里表现出自己最好的一面，那么通过猎头找工作是比较愉快的选择。

## 猎头也可能让你失去录用的机会

然而，是不是通过猎头找工作一定都这么好呢？也不尽然。最显而易见的理由是：成本上的考虑。

公司请猎头找人才，一个职缺要花掉 15 万新台币甚至更多，这笔钱比 HR 在招聘网站发布一整年的招聘广告费多得多，或者奖励公司进行内部的人才推荐也绰绰有余。所以对很多 HR 来说，请

> 职场新人要懂得付出，要明白工作的目的不仅仅在于报酬，斤斤计较是最愚蠢的。

猎头替公司找人，通常都是万不得已的选择。

如果你问我，公司最后找到两位各方面条件都差不多的求职者，其中一位是通过公司的招聘网站投递简历而获得垂青，另外一位是猎头推荐的，公司选择那位也许条件略为逊色但不用付猎头中介费的求职者的几率有多高？

我只能这么说，对于 HR 而言，成本是招聘所需要考虑的重要因素，没有人会告诉你"阁下之所以没有被录用，是因为本公司不想支付猎头中介费"，所以你大概不会知道这个问题有多重要。

更不用提其他的问题，比如说，愿意和猎头打交道的公司毕竟是少数，所以坚持通过猎头找工作，你会错失很多很好的工作机会。我以前工作的那家高科技公司，股价排在所有上市公司的前 10 名，但从来不靠猎头招人。

又或者是，说不定跟你经常有往来的猎头正好跟你想去的公司的 HR 在意见上有很大的分歧，所以你明明有机会被录用，却可能会在这紧要关头被筛选掉。

我现在的工作就是猎头介绍的，当然，我挺喜欢这份工作，不过每当我接收到他们发来的职位招聘邮件，都很想问他们："这么多的公司有职缺，为什么当初介绍给我的是这份工作，而不是另外一份？"

通过猎头找工作是不是更好？我个人认为这没有标准答案。

## 我该怎么和猎头合作?
### 不要等到要找工作了,才去找猎头

一家公司究竟什么样的职位会通过猎头寻找人才?标准答案是"什么职位都有可能"。但真实的情况却并非如此,实际上只有特定的职位才会请猎头帮忙找人。

首先,请猎头找人才需要支付相当高的费用,可能从十几万到几十万不等。而在招聘网站上发布一整年的招聘广告,不限数量,费用也不超过10万新台币。所以,如果公司愿意支付高额的中介费给猎头,当然是因为这个职位对公司而言极其重要,或是符合条件的人才少之又少,又或是因为职位比较敏感不方便公开招聘。

另一方面,公司支付了高额的中介费给猎头,势必希望对方能在较短的时间内找到合适的人选,所以猎头搜寻的往往是那些稀缺的人才。

所以,如果你所从事的是职场上稀有的工作,你也许会常接到猎头的电话;如果你从事的工作没什么特别之处,公司就很少为这种工作的职位请猎头协助求才。

公司凭什么器重你?

## 我适合和猎头合作吗?

什么样的人适合和猎头合作？标准答案是"什么人都适合"，但真实情况却并非如此。首先，猎头会有一个标准，就是需要寻找人才的职缺的年薪大约在 100 万新台币上下。

如果某个职位的年薪在 100 万新台币以下，猎头在市场上成功为公司搜寻到合适的人才后，可以赚到约 20 万新台币的中介费。这可不是一笔简单的生意。大部分猎头承接这个等级的案子，都是基于"商业感情"，也就是猎头和这家公司的合作由来已久，所以帮忙寻找人才，而更多的猎头会把精力放在年薪 100 万新台币以上的案子上。

而且，年薪 100 万新台币以下的职位在人才市场上不乏合适的人选，公司大可通过自己的招聘渠道找到合适的员工，不一定要通过猎头。所以，如果你的年薪低于 100 万新台币，那么你和猎头合作的机会应该比较少。

当然，这个说法并不是绝对的。如果你的职位比较敏感，或是能够从事这个职位的人才比较稀缺，公司可能就不太想大张旗鼓地对外宣称自己正在寻找这样的人才，这时也许会通过猎头来征才。比如说，某高科技公司要招聘几位从事新技术的资深工程师，这很容易让人联想到这家公司未来的产品战略规划，为了避免不必要的困扰，公司会通过猎头招聘人才。

但总的来说，猎头要找的通常是资历深或工种特殊的人才。明白了猎头的要求，我们就可以看清猎头和求职者之间的关系了。

面试切忌六个小动作：边说话边拽衣角、跷二郎腿、两手交叉于胸前、拨弄头发、眼神飘忽、不停地看表。

## 哪些因素会影响你和猎头之间的合作？

绝大部分猎头的操作方式是：建立一个人才数据库，并随时更新数据库里的信息。当公司有职位空缺的时候，猎头会在现有的人才数据库中寻找合适的人才，或是通过其他渠道搜寻可能合适的人才，然后和这些人联络，确认他们的意愿，必要的时候会与其会面，这一遍流程走完之后再将人才的名单和简历送到求才公司去。

从这个过程中我们不难发现，对任何一家猎头公司来说，累积足够的人才数据是在业界决定胜负的关键，因此，任何一家猎头公司对求职者的简历几乎都是持欢迎的态度，但那并不代表他们会替你找到工作。

也许有一些人有过不太愉快的经历，他们曾经和猎头合作过，却没有被很好对待。我想替这些猎头说几句话，毕竟，猎头收费的对象是企业而不是求职者，所以他们最重要的事情是替公司找到人才，而不是替人才找到工作。

如果有猎头打电话给你，那代表着现在他们手上有一份工作，他们认为你也许对这份工作有兴趣，而且也有被录用的可能。如果你确实对这份工作有兴趣，可以把简历交给他们，在这样的情况下，你得到积极主动的关心的机会比较大。

反过来说，如果是你主动把简历提供给猎头，除非他们手上正好有适合的工作机会，要不然，你的个人信息当然是被他们放进庞大的人才数据库里，等到某个未知的将来，有了与你条件符合的职位出现，他们才会把工作介绍给你。

入职前做好准确的职业定位，
入职后注重提升自己的能力。

而且非常现实的是，如果你的简历很出众，你当然会受到猎头的热情对待；反过来，如果你的条件很普通，猎头可能会认为人才数据库里这样的人选已经很多了，那你所受到的待遇当然会比较差。

再者，每一位猎头都有他专攻的行业或领域，大型猎头公司会安排不同的顾问负责不同的行业。规模较小的就很难这样做，他们可能会锁定某一特殊领域。如果你一直任职于金融行业，但却找上一家在高科技行业耕耘较久的猎头公司，除非你要去高科技公司担任财务主管，要不然合适你的工作机会将少得可怜。

林林总总的原因加起来，决定了一位求职者通过猎头找到工作是否容易。通常猎头也会评估，如果觉得帮你找到一份好工作非常容易，他们就会比较积极，不然的话，就会较为怠慢。所以该怎么办？

## 和猎头合作的原则

我的第一个建议是：不要等到要找工作的时候才去找猎头。很多时候，猎头需要和求职者经过多次的接触或合作后才清楚求职者的个性、特质和优缺点，继而替求职者找到比较满意的工作。也只有在帮求职者推荐过几次不同的工作、有了一些失败的经历后，猎头才会与求职者建立起良好的关系。如果等到自己急着找工作了才和猎头接触，你遇到的挫折也许会比较大。

第二个建议是：慎选猎头。我希望这样说不会得罪人。现在市场上的猎头越来越多，每一个猎头擅长的领域也不相同，如果你想在科技行业工作，却把简历投给一家专攻金融行业的猎头，那么你

你的工作将构成你生活的大部分，唯一能让你从工作中得到满足的办法就是爱你所做的事。

找到好工作的机会自然会很少。选择对你的工作领域较为熟悉的猎头，然后和他们长期合作，我觉得是一个不错的方法。

如何以正确的心态与猎头打交道？我们不妨先想想房产中介。房屋中介究竟会为想买房的人认真挑选好的房子，还是会无视房屋的瑕疵，想尽办法让买卖成交以赚取中介费？我相信两种都有。

猎头就类似于这样的中介人员，他们究竟是会为你的职业生涯考虑、协助你做出最好的跳槽决定，还是会想办法推荐你加入某家公司以完成他们的任务——至于你加入新公司以后有没有成就感或快不快乐，他们并不在乎。除了考虑专业性，选择一个态度诚恳的猎头同等重要，而且别忘了，没有人会比你自己更在乎你的职业生涯。

最后一个建议，也是最重要的一点：适度地累积一些人脉，保护好自己的名声，让自己变成容易推销出去的商品，这是和猎头合作最重要的原则。我前面提到过，和猎头合作，你去找他与他主动来找你，受到的待遇是不一样的。所以，如果你可以做到让猎头主动来找你，那就愉快多了。我自己的经验是，绝大部分猎头主动联络我，都是出于朋友或同行的推荐。只有先让自己优秀起来，猎头才会积极主动地与你联络。

但总而言之，跳槽是一件天时地利人和的事情，自己找工作如此，通过猎头找工作也是如此，其实这两者并没有太大的不同。

## 背景调查会让我错失工作机会吗?
在职场上,尽量与人和睦相处

最近有一个朋友和我分享了一些他身边的人经历的职场怪事。无独有偶,另外有两位朋友也跟我说起自己和老板相处不好,老板扬言要在业界"封杀"他们的事情。所以我想花点时间说说"背景调查"这件事情。

许多人力资源部门运作正规的公司都会要求求职者在填写面试资料的时候,留下一到两位前任公司的主管姓名。一般来说,公司会在决定录用你但还没有发出录用通知书之前,打电话给你所填写的这些人,向他们询问你的工作表现,以确定没有雇错人。

我身边有朋友遇到过"录用某个人以后,发现他简历上所写的学历和工作经验都是捏造的"的案例,而我个人所听到的也不止两次。其中一次是很多年前在新竹科学园区发生的,对方来应聘人资主管,谎称自己是某知名大学人力资源管理研究院的毕业生,而面试他的 HR 刚好是同一所学校毕业的,于是那位应聘者脸不红气不喘地和这位 HR 闲聊起母校的指导教授的近况来。结果等到面试的

HR和母校老师聊到这件事时，老师表示从来不知道这个人的名字。另外一次发生在不久前，有一位HR前辈遇到一位求职者，那位求职者非常诚实地告诉他，业界里一位资深的人力资源主管曾经教导他可以适度地在自己的简历上杜撰一些经历以换取面试机会。告诉我这个故事的前辈很吃惊，觉得什么时候世道沦落到如此可悲的地步了（我宁可相信这中间有一些误解）。

无论如何，现在的结果是，最近有很多HR在公开讨论背景调查这件事情，以杜绝简历造假的歪风。

另外一种常见的背景调查，则是为了了解求职者过去的工作态度和表现。我必须要说，要做这样的事情并不容易，其中有很多问题需要考虑。

有一种说法是，求职者所留下的名单，都是和求职者比较熟悉、会为求职者说好话的人，打电话探询这些人的意见不一定会得到真实的说法。我并不同意这样的观点。到今天为止，我还和以前的大部分下属维持着相当不错的关系，如果有人打电话来向我询问他们过往的工作表现，说真的，如果要我昧着良心为他们说好话，我还真做不到，这等于是拿自己的名声做赌注（还好我不用这样做，他们的工作绩效都很不错）。

我上学的时候，教我们招聘与甄选的教授也提到过，研究院规定申请入学的学生要提供两位推荐人的推荐信。一般来说，推荐信应由推荐人自己写好、装入信封并亲自封口，被推荐人不会知道里面写些什么。而每一年都会有一两位学生，在老师们打开推荐信后，发现上面写着"我并不推荐他成为你们的学生"之类的文字。

职场中的几点小修养：守时、谈吐有节、衣着整洁、态度和蔼、为人低调、小事不计较。

所以你以为求职者提供的推荐人就一定会为他说好话吗？不一定。当你在做背景调查时发现求职者提供的联络人对他的评价并不高时，至少你知道那位求职者的自我感觉是如何的，也许他会觉得那个人对他很认可，但结果并不如此。

另外一个问题是，一个人离职一定会有原因，其中很常见的原因是因为自己的老板。在人力资源这个领域里，我认识很多朋友，有时候某个主管是我的朋友，下属也是我的朋友，两个人跟我的交情都不错，但他们因为某些我不知道的原因而彼此不合。如果某个人得到他前任主管的负面评价，难道一定是那位下属的错？有没有可能那位主管也大有问题？

"我不是完美的主管，所以也会有不完美的下属。"这句话我说过不止一次。所以，如果今天我有一位下属不能成功地表现出他的工作能力，说不定有很大一部分原因是因为我的缘故。也许我的授权不够充足，也许我的指示不够清楚，也许我的耐心不够……他不能成为我的优秀下属并不代表他不能成为别人的优秀下属。这才是客观且中肯的说法。

或是另外一种情况，主管明知这位求职者过往的表现并不理想，但又不想挡人财路。很多年前我有一位同事，他工作认真负责，表现不算差，但在情绪管理上很有问题，我最初到公司应聘时，也被他挂过电话。后来他离开了我们公司，有一天中午吃饭时老板对我们说，有其他公司打电话来请他评论一下那位同事的工作表现，老板很苦恼该怎么办，因为他不想说谎，但也不想让那位同事因此而失去工作。

年轻时最值得投资的几件事情：
脑袋、心态、健康、亲情、朋友、品德。

我去一家很优秀的公司面试过，面试主管对我印象很好，我还记得面试的最后，他微笑着告诉我："如果我们有合作的机会，公司可能需要一点时间走任用程序才能通知你，不过你应该很快会接到我们的通知。"但那却是他告诉我的最后一句话，从此我没有得到任何信息，连不录用的"抱歉信"都没有收到。我等了一个月后打电话给猎头，告诉那位替我安排面试的顾问说"我很喜欢那家公司，但如果没有机会，我就要去应聘其他工作了"。那位顾问帮我打电话给面试主管，之后也只简短地回复了我一句："那家公司的主管让你不要再等他们了。"后来我反复思考整个面试过程，认为最有可能的原因是，我之前待过的某家很糟糕的公司的老板给了我负面的评价（我没有留下可供他们做背景调查的名单，但我的简历上写着我在XX公司工作过，而我所应聘的公司的人资主管是业界的知名前辈，如果他和我的前任老板认识，我并不感到惊讶），通俗点说就是我被封杀了。

之后我到现在的公司面试，在面试中我直接告诉老板："我年轻的时候搞砸过一些事情，所以你大概不能指望我的每一位前任老板都会为我说好话。"他听完后哈哈大笑："谁没有犯过错？重点是你学到了教训没有。"所以我到了现在的公司。

有的求职者确实曾经犯过一些错误，有过不太成熟的行为。他后来吸取教训改变了，但当年与他一起共事的主管或同事却不一定这样想，也许他们还是认为某人的工作表现一如从前。这已经成为一种成见，并且难以改变。

我不是告诉大家背景调查不重要，如果你想确认求职者是不是

*多阅读，多思考，找出自己的优势，
然后你就知道自己擅长哪方面的工作了。*

真像他简历上所写或面试时所说的在某家公司工作过、担任过某个职务、参与过某个项目、在项目中充当特定的角色或负责特定的工作等，你大可以去做背景调查，我认为很管用。

但是当你打电话给某个人去探询另一个人昔日的工作表现时，这中间便掺杂了很多让意见变得不够客观的因素。这是你做背景调查时必须要注意的地方。

既然提到进行背景调查来询问工作表现时可能会有一些干扰因素，那么我还要说一点。如果用人部门主管和HR面试求职者时对该名求职者的评价不错，而后进行背景调查时得到的评价几乎也是一致的，那当然没有问题。几年前我所任职的公司遇到一位应聘高层主管的人才，大家普遍认为他是一位聪明、积极、有进取心的求职者，但是他的人际沟通技巧还需要加强。我们打电话给他以前的同事，大抵对他的评价也差不多。这样的状况很正常，从比较严苛的角度来看，如果公司通过两种不同的甄选方式得到同样的评价，这个背景调查的动作或多或少有几分"求个心安"的意味，而不一定有什么实际的效益。但无论如何，这种结果对任用的决策不会产生任何影响。

但如果两种方式得到的评价不一致应该怎么办？大概半年多以前，我遇到另外一位求职者，他昔日的主管对他的评价相当不好，说他上班经常迟到、缺乏团队合作精神而且绩效表现也不理想，但求职者在面试过程中出示他在该公司的绩效考核记录说明，他连续几年的绩效表现都非常优异。主管的主观评价与绩效的客观评量有着这么大的差异，我们到底应该相信谁？

求职靠的是实力，不是侥幸，不是纯粹的运气。练好内功，打好基础，才会成功！

很多公司做背景调查时，在技术上存在着很大的问题就更不用说了。其中一项是公司通过各种渠道找到"非求职者提供的人选"进行调查；更可怕的是公司无视该员工离职与否，直接打电话到他所任职的公司进行背景调查。

另外我想说一件我年轻时犯过错误的事情。那是我从事第二份人力资源管理工作的时候，我们从某知名外企找到一位营销经理，彼此相谈甚欢，老板问我有没有可能找到可以对他的工作进行评价的人。我那时因缘际会在私人场合里和那家公司的品管部经理有过几面之缘，于是我拨了电话给那位不算很熟的前辈，请他告诉我他对那位营销主管的评价。我非常确定我告诉对方无论如何请为此事保密，但就在那之后不久，有一天他们在电梯里巧遇，当时电梯里只有他们两个人，那位品管经理就开玩笑地对营销经理说了一句："某某公司的股价很高，有机会的话记得也找我过去。"

这件事情的最后结果是，那位营销经理打电话给我们的总经理进行严正抗议，事情当然因此泡汤了（还好他在原来公司的工作没有受到任何影响），而我被老板骂了个狗血淋头，他表示事先并不知道我会这么做。

很多年以后，我才从另一家知名外企学到他们更为严谨的做法，他们会选择在员工报到后才进行背景调查，一旦查到新员工在应征工作时有虚伪造假的情况，视情节轻重一律给予辞退或开除的处分。

我是学到了教训，但别人却未必。这几年我还是听到不少公司还在做着类似的事情。背景调查的需求始终存在，听说现在还有侦探事务所接这种生意。我不太确定在未来这样做会不会违反法律，

*永远都以最正面的态度完成领导临时安排的任务，临时工作更加考验你的工作能力和对领导的支持度。*

但却知道这样做，难免会有走漏风声的时候。我这一两年听到的最匪夷所思的一个案例是，用人部门主管和求职者的主管是同班同学，用人部门主管在面试后立即打电话告诉求职者的主管"你部门的某某人正打算投奔到我这里来"。这够糟了吧？但更糟的是用人部门主管原本已经打算要录用那位求职者了，却在听完对方的评价后决定不录用。告诉我这个故事的是那个用人部门主管的下属，他也不知道那位求职者后来怎么样了。

故事说完了。说这么多只是要传达以下几个简单的想法：

首先，只要你想换工作，就很难保证消息不走漏。如果你的老板是一个心眼小到会把离职员工当叛徒一样看待的人，那么你面试的时候可以特别跟应聘公司的 HR 或用人部门主管说明一下，毕竟他们并非不在乎你的职业生涯，只是像我当年一样无知罢了。

这个圈子很小，永远都有可能因为别人有意或无意地说了一些对你的评价而让一家公司因此不录用你（当然也可能反过来，我就遇到过一次，我去面试的公司的老板和我的一位前同事私交甚笃，而那位前同事对我赞赏有加）。这也许并不公平，因为对你有负面评价的人可能另有居心或是不了解事实。但这就是现实，而且你改变不了。

这个圈子也很大，那些放话说要"封杀"你的人，很多时候只是虚张声势。我工作多年，职场上认识不少朋友，他们和我有着相当不错的交情，但我不一定认同他们的管理风格。如果真的有人能在某个行业里封杀一个人，他早就不知道高升到哪里去了，哪会在这里和你一般见识。所以，如果有一天你也听到这类话，不应该不

对于工作，对于每项任务，
你都该拿出主动精神。

在意，但也不用太担心。

  我的结论是：在职场上尽量与人和睦相处、设身处地地为别人着想，这样做也许不会让所有人都认同你，但至少可以把伤害降低并且让更多人愿意为你说两句好话。

Why should we hire you?

第 2 章

## 让自己价值百万
### HR 教你谈薪资

薪资谈判是一场智慧的博弈，当 HR 对你说你的年薪是 10 万元时，你以为是指底薪 10 万吗？NO！有可能他说的是底薪＋奖金＋各种补贴 =10 万。不要等到入职后，才发现这些问题没有谈清楚。

## 关于薪资,我应该了解些什么?
厘清"保障薪资"和"奖金"

如果你在甄选过程中顺利胜出,接下来就会有人跟你谈论薪资,通常做这件事情的是公司的 HR,他们是这方面的专家。那么,有哪些事情是你应该知道的?HR 在和求职者谈论薪资的时候,到底谈些什么?

### 月　薪

顾名思义,月薪是指员工每个月应该领到的薪水。有些公司会在每个月的最后一个工作日发放薪水,但也有许多公司会在次月的 5 日发放。如果发薪日正好是周末或节假日,应该怎么处理?规模较大的公司会在放假前的最后一个工作日发薪水,比如说,原本 7 月 31 日发 7 月份的薪水,但如果这一天正好是星期六,那就提前 1 天(即 7 月 30 日星期五这天)发放。但也有公司顺延到周末或节假日之后的第一个工作日发放。

我应聘我职业生涯中的第一份工作时，对方告诉我，我的月薪是 26 800 新台币，那就代表我每个月的全薪是 26 800 新台币，其中有 25 000 新台币是应纳税薪资，有 1 800 新台币是免税的伙食补贴（这是税法规定的，大部分公司直接将这个当福利转发给员工）。

## 年　薪

有一些公司和求职者谈薪水的时候，谈的不是月薪而是年薪。比如公司告诉你，你的年薪是 120 万新台币，这时月薪该怎么计算呢？最简单的方法就是将年薪除以 12，得到月薪是 10 万新台币。但更多时候，公司会将这个问题复杂化，不是直接将年薪除以 12。

## 保障薪资

不久前，我有一位朋友去面试一份工作，他告诉对方他的期望薪资是年薪 100 万新台币，最后他被录用了，但对方支付给他的月薪是 "100 万除以 17，得到的是 5.8 万新台币"。该公司的 HR 告诉他："我们公司这几年盈利稳定，几乎每年都发放 17 个月的薪水（多出来的 5 个月薪水是奖金）。"当你听到这种说法时也许会怀疑：那公司收益不好的时候，年薪会不会也跟着大幅缩水？

所以，"保障年薪"是指不管公司盈利与否你最终领到的年薪。

HR 常常会用 "保障" 这个词来和求职者沟通薪水，比如说保障月数或保障年薪。台湾大多数高科技公司宣称全年保障发放 14

新资谈判的目的，
是发掘出雇主最多愿意给你多少钱。

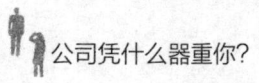

个月的薪水，这就是说公司每年一定会发 14 个月的薪水。保障年薪则代表了你在这家公司从 1 月 1 日工作到 12 月 31 日应领到的年薪。以 14 个月的保障薪水为例，有一些公司会在端午和中秋各发半个月奖金，年底再发剩下 1 个月的；也有公司在年底直接加发 2 个月的工资。然而，不管是在节日发放奖金或年底加发薪水，当公司告诉你，你的年薪是 140 万新台币，保障月数是 14 个月时，你的月薪就是用保障年薪除以保障月数，得到 10 万新台币。

所以，如果你是在 10 月 1 日加入公司，端午和中秋都已经过了，奖金也发了，年底的时候也许公司会告诉你，年终奖金是根据到职日期按比例计算，你的年终奖金只有 1/4 个月。同样，你做满了一个季度，领到的薪水不是预期中的 35 万新台币（年薪的 1/4），而只有 32.5 万新台币（3 个月薪水，加上最后 1/4 个月的年终奖金）。也许在数字上看来差不多，但感觉就是不一样。

再说另外一个更常见的问题。许多企业年终奖金都会在农历年前发放，如果你是在 1 月 1 日加入公司，在 12 月 31 日离职，那么你有可能领不到年终奖金。所以，当公司跟你谈保障年薪时，你必须想到自己有可能是在一年的中间时期加入或离开公司，虽然不一定会得到清楚的答复，但也要试着问清楚。

## 底薪和补贴

有一些公司会把月薪分成不同的项目，比如说底薪加各式各样的补贴。多年前我加入一家外资企业，公司和我议定每个月的薪水

> 薪资谈判中，
> 千万别做先提数字的一方。

是 5.5 万新台币，再加上每个月的交通补贴 0.5 万新台币，我实际领到的月薪是 6 万新台币。但年终计算奖金的时候就不是这样了，公司用底薪乘以 2 作为年终奖金，所以我一整年领到的保障年薪是：55 000 × 14 + 5 000 × 12 = 830 000（新台币）。当公司调薪或计算其他奖金的时候，都是以底薪 5.5 万新台币为依据。

公司这样做的理由很多，从人力资源管理的角度来看，有一些公司的底薪是和职位等级有关的，补贴则是根据不同的工作属性发放。比如说，同样是 13 级别的员工，有人是主管，那他可以领主管补贴；有人在海外任职，那他有外派补贴；有人的工作环境比较恶劣，那他有苦勤补贴；有人是要值夜班的，那他有夜班补贴……

不管理由是什么，当公司把员工的月薪分成底薪加各项补贴时，在计算年薪的时候就会变得更复杂。

## 变动薪

从学术上来看，变动薪是一个非常笼统的名词，它包括利润分红、目标奖金、年终奖金、全勤奖金、节日福利、股票选择权和员工入股计划等，这些都可能成为公司与求职者谈判薪资时的筹码。

所谓利润分享，就是公司和员工议定，当公司获利超过某一目标数字时，员工可以分享其中的若干比例。我们常常听到的"年终分红"其实就是利润分享的一种，公司将每年的获利按一定比例分配给员工。

我在一家以研发为主的高科技公司工作过，公司发给研发人员

> 作为应聘者，你最好尽可能地推迟提及薪酬问题，直到对方确定你就是他们要找的人为止。

的奖金是"以研发项目利润的10%分配给开发团队",也就是说,公司会就每一个项目计算投入成本,一旦盈利超过成本,就将获利的部分按一定比例分配给员工。这种做法也是典型的利润分享方式。

至于目标奖金,则是公司和员工议定达成某一个目标后,公司依照一定的分配公式或原则将奖金奖给员工。我以前任职的一家公司,谈薪水的时候公司告诉我,我的工资结构为15个月,保障年薪14个月,另外1个月的奖金视我的年度绩效目标达标率发放。我的聘用合同上注明了"年薪为120万新台币,月薪为8万新台币,当目标达标率100%的时候,目标奖金是8万新台币"。如果达标率为70%,我可以领到5.6万新台币的奖金。如果达标率为120%,我可以领到9.6万新台币的奖金。

我以前任职的另一家公司奖金制度跟上述类似,但目标奖金的计算方式是个人目标占40%,公司目标占60%。个人目标部分跟个人绩效相关,公司目标部分则根据公司的业绩、盈利等因素计算,这部分的达标率几乎不掌握在我的手上。

年终奖则是一个经常听到但让人觉得"乱七八糟"的名词。我工作的第一家公司,年终奖指的是每年加发的1个月保障奖金(另外端午、中秋各发半个月)。后来的一家公司,发放方式是保障年薪为14个月,平均发出15个月,公司会以全体员工1个月的薪水为基础,考虑每个人的绩效表现后发绩效奖金(即年终奖金除了原本的2个月保障奖金之外,还加上目标奖金)。再后来的一家公司,公司每年加发年终奖的月数是浮动的,每年到了10月前后,老板会找高层主管和人资主管一起讨论,该年度公司可以发出多少个月

除非迫不得已,
千万不要告诉对方你上一份工作的待遇。

的年终奖，然后依据员工的年度绩效分配奖金。今年年初，我听一朋友说，他们的年终奖除了保障的 2 个月奖金，老板再从公司的获利中提取一定的比例作为奖金发给员工（这部分类似利润分享）。

绩效奖金是另外一个常常听到但概念模糊的名词。如果公司的奖金发放和工作绩效有关，那么就可以称为绩效奖金（目标奖金、节日福利、利润分享其实都或多或少和绩效有关，但计算基础不一样，也不一定都和员工的工作绩效挂钩）。

大部分公司都会告诉求职者"除了保障年薪之外，我们公司还会发放绩效奖金"，但绩效奖金到底是怎么发放的，不同公司有不同的方式。有一些公司的绩效奖金其实和个人的业绩有非常大的关联，与其说是绩效奖金，不如说是佣金。但总而言之，我们常常会在公司里听到这个名词。

大部分时候，公司都不会清楚地告知求职者，这些奖金是按什么方式计算的，所以当你跟公司谈到年薪有 100 万新台币的时候，也许你心里想的是"公司保障年薪 14 个月，每个月的薪水至少有 7.15 万新台币"，但公司的 HR 却可能认为你说的是"只要底薪加补贴、奖金和分红有 100 万，我就愿意入职"，这时双方的误会可就大了。

所以，变动薪到底是多少，有时是很难预期的。

## 如何争取更高的薪资？
谈薪资前，先衡量自己的身价

在我的经验中，很多求职者被问到期望薪资时，都会谨慎地说："我愿意尊重贵公司的制度。"很遗憾，这是一个错误的回答，你至少应该在后面加上"但如果有可能的话，我希望不会低于月薪或年薪 XX 元"。

我常常代表公司和求职者谈判薪资。因为我在多家大型外资企业工作过，它们有的是历史悠久的上市公司，有的是实力强大的半导体公司，还有的是品牌知名度在全球前 10 名的顶尖企业。但无论公司多大，对于薪资，它们不是毫无弹性可言。

我自己也扮演过好几次求职者的角色。还记得有一次面试时，对方问我期望的待遇是多少，我回答："至少不要比之前的工资低。"结果对方就真的给了我和原来工作一模一样的薪水。另外一次对方问我期望的待遇是多少时，我回答说："愿意尊重贵公司的制度，但希望不会低于年薪 120 万新台币。"结果对方给我的月薪是 8.5 万新台币，再乘以 14 个月的保障月数，正好 119 万新台币。

对公司的人力资源部门而言，人事成本是非常重要的支出。每个人都希望自己用最低的价钱可以买到最好的商品，在人才市场上当然也是如此。如果你完全由公司决定你的薪水，这不见得不好，而且你可能会因此在甄选过程中胜出，但大多数时候，自己会非常被动。

## 薪资的谈判空间

我再说一次，不管公司的制度如何，薪资总还是有谈判的空间。举例来说，营销部里负责某产品线的营销主任（假设他月薪5.5万新台币）离职或是转调到其他产品线去，主管会考虑从外面找一个资历稍浅的人或从内部升迁一位资深专员来代替他，薪资通常会低于原来主任的薪资。新任者也许需要花一点时间学习才能上手，也就是说，一个资历稍浅的人，可能会在这个位子待上较长一段时间。

所以，劳雇双方最后达成的协议可能是：用人单位提供一个月薪5万新台币的职位给下一个坐这个位子的人（他之所以愿意接受，也许是因为他原来的薪资较低，或是虽然薪资相同，但这家公司前景较好）。对雇主来说，节省了人事成本；对受雇者来说，提高了薪资福利。彼此互利双赢，何乐而不为？

对大多数公司来说，薪资不是一个固定值，如果你在面谈的过程中表现出色，而且对薪资本身有所坚持，那么你还是有机会拿到高的薪资。

对HR来说，公司要找到一个合适的人才，最少需要面试3～5

> 在工作中混日子实际上是混自己，
> 老板损失一点薪水事小，你损失青春年华事大。

个人,其中 1～2 个比较合适的求职者或许需要安排第二次面试,这样下来,最少要安排 7 次的面试。安排了 7 次面试,用人部门主管和 HR 花了一大堆时间,如果最后求职者为了一点儿薪资差距而决定不来报到,对 HR 来说是很不愉快的事情,也意味着一切得从头再来:重新发布职位招聘、筛选简历、安排面试、核定薪资……

一些公司会把"得到录用却因故没有前来报到的求职者必须低于一定比例"纳入年度绩效目标之中。如果你了解 HR,就会知道这真的是一件压力很大的事情。所以,除非双方对于期望待遇的落差很大,否则失去一个条件符合的求职者,是 HR 或用人部门主管最不想看见的事。

## 开口谈薪水前,先认清自身价值

但也别忘了,认清自身价值也很重要。有时候会遇到一种状况,你是符合条件的求职者之一,你和另外一位求职者也许不分伯仲、各有优势,总之,用人部门主管或 HR 认为录用你们当中的哪一个都不错。这时,如果你的期望待遇是每个月 3.5 万新台币,另外一位求职者只要 3 万新台币,HR 便向部门主管建议,支付月薪 3.2 万新台币雇用另一位求职者,这个数字比他期望的高出 2000 新台币,却比雇用你少 3000 新台币。

当然,你和另一位求职者对于薪资的期待相差了 5000 新台币,可能意味着你们的资历有所不同,问题是,有时候用人部门并不在乎这个差距。比如说,公司只是找一个负责行政文书的部门助理,

明确的职业规划绝不应该只考虑薪酬,更要考虑到自己的专业技巧、业务经验、人际关系和创新能力。

筛选到最后，两位求职者都符合要求，那么就可能是期望待遇较低的求职者被录用。所以，认清这是买方还是卖方市场很重要。

另外一种状况是要考虑市场的行情。你总不能连自己的工作在人才市场上值多少钱都不知道就信口开价。比如说，有3年工作经验的IC设计工程师，公司打算提供4.8万新台币的月薪，如果你可以自信地告诉HR，这样的资历在大多数公司可以拿到5.2万新台币，那HR当然会更加谨慎地和你谈判。但如果你随便喊出"希望月薪7万"的狂话，除非你特别优秀，否则HR会告诉你去别的公司算了。所以，在开口谈薪资之前，先认清自己的身价同样重要。

再者，你换工作迫切与否和可以谈到多少薪资有绝对的关系。我遇到过一位求职者，他来我们公司应聘中层主管的职务。在面试过程中，他一直强调自己值得更高的薪资，但同时他又告诉我们，他任职的公司即将结束在台湾的营运，已经做了两次大规模裁员。很显然，这位求职者几乎没有什么谈判筹码，我们大可以从容不迫地和他谈薪水，因为时间并不站在他那一边。

换成是我，如果我手头上没有谈判筹码，宁可不提薪酬，因为会冒一个风险：我还没有前往任职就把公司的用人部门主管或HR惹毛了，这对我一点好处都没有。

## HR教你薪资谈判

以上状况都了解以后，就要开始为自己争取更高的薪资了。

第一步是先想想自己可以接受的底线。这个数字当然可能改变，

> 你的第一份薪水是多少钱不重要，
> 几年、十年后你的薪水是多少才是关键。

公司凭什么器重你？

比如说，你现在的年薪是 80 万新台币，去面试时希望可以得到 100 万，但也许会因为用人部门主管很好相处、工作内容非常吸引人、公司环境不错等因素，你觉得只要薪水不低于现在的工作就接受对方的雇用。但无论如何，在面试前请花一点时间想想这个问题，这对之后的决定会有很大的帮助。

如果你期望的年薪是 120 万，但对方愿意支付的只有 100 万，那么你们必须展开谈判，最后的薪资可能会介于这两个数字之间。这样说吧，如果你心中愿意接受的最低薪资是 110 万，那就意味着谈判结果落在 100 万～110 万之间是无效的；如果你心中愿意接受的最低薪资是 100 万，那就代表无论最后谈判的薪资是多少，你都会前往任职。

我经常遇到一说到薪资就支支吾吾、不知该怎么回答的求职者。在面试之前，如果你从来没有思考过这些问题，就无法做出适当的回应，在谈判过程中会非常吃亏。

## 你争取到的每一块钱，都不会是免费的

从 HR 的角度来看，求职者应该把握哪些原则，在谈判中才不会留下负面形象？

首先，不要狮子大开口。你的期望待遇要能说服别人，如果你现在的工作给你保障年薪 80 万、绩效奖金 20 万，考虑到换工作的风险和重大的责任，你希望接下来的待遇为年薪 120 万，这让人觉得有继续谈下去的可能。但是如果你原本的月薪只有 4 万，面试时

一定要思考一下，工作中如何体现自己的价值而不仅仅是为了挣钱。

却开价6万，那我就很想知道，你凭什么认为自己可以得到50%的薪资涨幅？

其次，不要开出一个"等别人来杀价"的价码，因为HR不一定想陪你玩这个游戏。比如说，你期望的待遇是160万，对方愿意出120万，你明明觉得这个数字符合自己的要求，但偏偏想跟对方谈到145万，结果用人部门主管和HR讨论之后，决定录用另外一位条件稍差只要130万的求职者。有时候你会遇到买方市场，而你的谈判筹码不足，结果白白丢掉了一个工作机会。

我自己会把"期望薪资"放到谈判桌上，静候对方出牌。比如说，我的期望待遇是160万，对方第一次开价只有120万，我不会在这中间来来回回针对数字协商，我会礼貌性地询问对方还有没有谈判空间，然后说："我对自己的能力有信心，不过我了解你们也有难处，考虑到将来在公司的发展空间，我愿意把待遇降低至145万，同时也希望你们感受到我愿意为公司效力的决心和诚意。"然后结束讨论，交给对方去决定。

有一次对方真的给了我145万的年薪，还有一次对方只加到130万，并暗示是我要价太高，接下来就看我自己要不要接受了。我不是说这样做一定很好，只是分享一下个人经验，至少我不会和公司讨价还价。

第三是态度坚定大方。对大部分公司而言，要价高了肯定会惹人嫌，但是要价低了也没有人感激你的牺牲。既然如此，我觉得在态度上不需要拐弯抹角或扭扭捏捏。

我还有过一次很有趣的薪资谈判经历。求职者来公司应聘主管

在工作中，如果你不清楚为何要做某件事，那你很可能会对它马虎大意。

一职，考虑到他现在的年薪是160万但没有太多其他福利，我们决定给他年薪175万，另外配备一辆轿车代步，还负担加油和停车位等相关费用。

当我告诉他我们的决定时，他沉吟了许久说："说真的，你知道我年纪不小了，在现在的公司也很受重用，换工作是一件麻烦事，我还要跟我太太商量一下才能决定。"于是我回答他："这当然没问题。""也不是这样，只是，你会不会觉得我现在换工作有一点冒险？"那天我们在电话中交涉了大约半小时，但最终他还是没有表明他要不要来任职。

后来我跟老板说起这件事，老板听完我的描述后有点哭笑不得，他问我："你从头到尾都不知道他是在要更高的薪资吗？"

那时我和求职者谈薪水的经验不是很丰富，还真不知道对方的意图。后来工作久了，遇到要求更高薪资的理由更是五花八门：住得远、换工作有风险、原来有配车而这里没有、以前的公司年假比较多、以前的公司股价比较高等。我的建议是，不如在开始之前就把这一切想清楚，然后一次性把所有的期望讲出来。

态度坚定、语气委婉是必要的，但更重要的是不要拐弯抹角，这对谈判一点帮助都没有。

第四是不要得寸进尺。我遇到过很多求职者，面试的时候问他期望有什么待遇时，他会有一种回答，但最后总会变卦。

比如说，有一些求职者告诉你他希望的待遇是年薪100万，最后公司确定录用他的时候，他又改口说："之前提到的100万只是可以继续谈下去的数字而已。"更有让人啼笑皆非的是："我回家跟

职场生存小规则：你可以不聪明，但不可以不小心；不管什么时候，低调总是最安全的。

老婆商量之后，觉得你们公司离我家太远，所以我想，公司能不能再提高一点薪资，以补偿我的交通成本。"

身为 HR，我的工作是替公司找到合适的人才，面对这类要求，我都尽可能在可以控制的范围里和求职者达成共识，但是我遇到好几位总经理，他们对这一类求职者几乎都是作出"连谈都不要谈"的反应。

这一类求职者大多都是过分小心的人，害怕一开始表明意图会让自己从候选名单中被删掉，所以提出的期望待遇非常保守，等到确定公司录用他后才开始谈薪资。或是公司对求职者提出来的薪资接受得太干脆，求职者觉得自己要价太低而决定改口。再不然就是求职者同时面试了两家公司，同时接到两家公司的录用通知，虽然 A 公司福利较佳，但是 B 公司薪水较高，于是求职者认为可以与 A 公司谈判，看对方是否愿意支付和 B 公司一样的薪水。

面谈时说的期望待遇是一个数字，等到对方录用时提出一个更高的数字，说实话，我个人也不喜欢这种求职者，因为他给用人单位留下锱铢必较的负面形象，这对找工作——尤其他应聘的是中高层主管，这简直是一种致命伤。

任何一位工作者，只要拿出实力来，完全可以在加入公司后用业绩为自己争取更高的薪资，不必在加入公司前就为那一点点的薪资差异斤斤计较。如果是我，一旦把条件说出来，不管录用我的公司多么庆幸找到一个便宜又有实力的员工，我都不会追加期望待遇。

我还遇到过一种情况，公司支付求职者的年薪超过了他原来职位（他原来的薪资只有 120 万，结果支付了 150 万），那位求职

> 自卑是工作中最大的敌人，
> 所以你要做的第一件事是找回自信。

者在多领了 30 万之后，还和我计较说他以前的公司每个月会提供 1000 新台币的手机通讯补贴。

还有更离奇的。公司对被外派的员工，除了发放薪水和生活补贴外还代租房并支付房租，结果有即将被派驻东南亚的员工希望公司可以补贴他每个月 500 新台币的水电煤气费，因为公司的外派人员法则中有"房租补贴"一项，他认为水电煤气费是房租的一部分。

从事人力资源管理工作这么久，我真想告诉所有求职者：你在面试过程中为自己争取到的每一块钱都不是免费的。你要在加入一家公司前就和某些部门把关系闹僵吗？大家应该深思。

如果你了解 HR 是如何处理薪资谈判的，也清楚自己的期望待遇，你就可以理直气壮、义正词严地向公司表达自己的立场。毕竟，在还没有加入一家公司之前，你首先接触到的可能是公司的人力资源部门，对他们了解越多，你就拥有越大优势。

# 用兼职为自己加薪是否可行？
## 尽量选择能提升自己专业能力的兼职

这是我从事第一份人力资源管理工作时发生的故事。我当时任职的公司在新竹科学园区，公司的主要经营项目是设计与制造计算机接口设备。有一段时间，公司有两位联机操作员，每天下班后会在新竹的某个路段兼职当"槟榔西施"。最有趣的是，白天上班的时候她们会穿着晚上上班的制服。

这是个很大的问题吗？好像是，但也不是。在生产线上工作时，联机操作员需要在便服之外罩一件白色外袍，所以工作时大家的服装是一样的，看起来没有什么不妥。但一到中午用餐时间，大家在员工餐厅里就议论纷纷。终于有一天，公司的人资主管忍无可忍，指责那两位同事穿着不当，于是没过多久她们就离职了。我们都开玩笑说，要说兼职，也许她们在公司的这份工作才是兼职，因为薪水实在低得可怜。

人才市场上每隔一段时间就会有人拿出来批评一番的议题，大概就是"低薪"问题。无论是讨论中国台湾年轻人到澳大利亚当劳工的薪资比不上韩国人，或是中国台湾的薪资停滞已经变成亚洲某些国家或地区的负面教材，总之，中国台湾的薪资成长停滞甚至倒退，已经变成一个不得不重视的问题。

我没有打算在此发表什么高见，因为这牵涉到的层面既多且广。但有一天，我坐公交听到一个广告用"老板不加薪，自己给自己加薪"为号召，鼓励广大上班族利用下班时间做兼职，让自己多一份收入。这到底是不是一件正确的事情呢？

这些年来，我看过、听过台湾很多公司都在人事规章制度中明确规定："员工不得在外兼职。"不过劳工主管机关可不这样认为，因为"员工下班以后的行为是自由的，公司无权干涉"。员工领公司的薪水，应该在上班时间全力以赴，如期完成公司交付的任务。但下班以后是员工的自由时间，无论他们是和三五好友去吃饭、看电影，还是去 KTV 唱歌，和公司都没有关系。同理，如果员工在下班以后开出租车、去快餐店打工，自然也不需要经过公司的同意。

但就算这样，我也不鼓励员工在下班后漫无目的地做兼职。

观察一下在企业里身居要职的高层主管，有哪一位在年轻的时候打好几份工，然后一路升迁到现在的职位？我相信比例一定很低。因为在绝大多数的情况下，一个人在上班的时候尽心尽力，在下班的时候不时思索该怎么做才能让自己的绩效更好，更容易在职场上脱颖而出。据我观察，那些在企业里身居要职的主管很少在下班后做兼职，而大多数在下班后还兼职打工的人，很可能在升迁的路上遭遇阻力。

所以，如果你在兼职打工的同时还有别的选择，我觉得应该考

一般来说，
一个人薪资水平的高低通常由其商业价值的高低而定。

虑的是，这份兼职能否给你带来财务以外的正面效益，还有你原来的工作会不会因此受到伤害？

　　前段时间我在健身中心认识了一位有氧拳击教练，休息时我和他闲聊起来。他说他年轻时是专职健身教练，但认为自己不可能从事这份工作一直到退休，所以他选择转行到企业里上班，但一个星期有两天会在下班后到健身中心授课。他笑着跟我说："反正自己也需要运动，何不顺便赚点外快？"还有一个朋友，白天是朝九晚六的 MIS（管理信息系统）工程师，但他利用业余时间和几个朋友组建了一个小小的研发团队，开发手机的 app 软件。他认为这是科技发展的趋势，希望自己可以累积一些实际经验，未来转行成为手机应用程序设计师。

　　至于兼职对原来工作的伤害，我想说，你总不会希望自己白天帮 A 公司写程序，晚上又帮竞争对手 B 公司写程序吧？这就涉及到道德或法律问题了。也许你只是希望多赚一点钱，这样做既迅速又容易，但也有可能因此毁掉你整个职业生涯。

　　又或者没有那么复杂，你只是在下班以后做一些体力工作，比如开出租车或在便利店上夜班，跟竞业禁止（企事业单位员工在任职期间及离职后一定时间内不得从事与本企业相关工作的一种法律制度）之类具争议性的情况没有关系。但即使如此，你也需要考虑清楚，这份兼职是否会让你精神疲惫或体力不支，对你白天的工作产生负面影响？

　　员工下班以后去做兼职，大多数时候都是迫不得已。因此，只有少数人希望自己一直从事两份以上的工作。既然这样，你的兼职

别忘了，
开口谈薪水前，请先认清自身的价值。

选择要么可以累积自己的专业能力，要么可以为自身带来一些附加值（健康、人脉、人生阅历），最起码，你不要因为兼职而丢了自己本来的工作。

那站在主管或公司的角度，又该怎么看待员工做兼职的事情？

我想最重要的是，尽可能不要让员工必须去外面兼职打工才能维持生活。

前段时间因为工作的缘故，我和几位企业家一起吃饭。席间，一位企业家提到"很难想象一个月领22 000新台币的年轻人，每月付掉房租以后该怎么在台北生活"。是的，正因为薪水过低而不能在台北生活，所以许多人需要在工作之余去做兼职。如果你希望你的员工可以全身心为公司贡献力量，最简单的方法是，多加一点薪水，让他们领一份薪水就足够维持生活了。

如果你是公司的老板或主管，当发现有员工下班后在外兼职打工，第一个要了解的是，员工有没有因此做出伤害公司的行为。第二，不要立即限制员工的自由，应弄清楚员工的兼职工作是否和公司利益产生冲突。如果有，当下就要做出处置；如果没有，可以劝说员工保持低调。这足以避免日后很多意想不到的困扰。

剩下的就是绩效管理问题，这回归到绩效本身即可。如果一位员工没有在外兼职打工但绩效很糟糕，另外一位员工在外兼职打工但绩效依然不错，谁才是问题员工？当然是前者。

把判断员工是否胜任工作的标准锁定在员工的绩效上，而不是员工下班以后是否去做兼职上，这才是公司管理的本质。

# 为什么主管可以坐领高薪？
## 主管往往承受着许多我们意想不到的压力

很多人喜欢在茶余饭后抱怨自己的公司或主管，其中"为什么主管什么事都不用做，却可以坐领高薪"的话题经常出现在讨论中。

别太急着下定论，认为老板都喜欢压榨员工。如果这种说法属实，那么老板同样喜欢压榨主管才对（撇开那些是老板的皇亲国戚的主管不说），没道理主管就可以坐领高薪，而普通员工却只有极低的薪酬。这背后肯定有我们不知道的秘密。

最简单的道理是，主管往往承受着许多我们意想不到的压力。或是他的决策难度高，或是他的决策对公司的运作有着重大的影响，所以他有资格领高薪。举一个简单的例子，一个基层的 HR 每天打电话联络求职者，对公司固然有贡献，但业务副总去陪客户打一场高尔夫球就可以谈成一笔 5000 万的生意。这两者对公司的影响，有着天壤之别。所以公司自然会支付高薪给主管，而且这样的报酬不需要每天加班就能得到。不过这个理由也许只能解释一部分的事实，而且我猜很多人都不会服气。

公司凭什么器重你？

## 企业的锦标赛制度

实际上，公司对每一次升迁都会进行一定幅度的薪资调整，而且往往是职位越高调整幅度越惊人。当你从专员晋升到资深专员的时候，你的月薪可能会从 3.5 万增加到 4.2 万。可是当你从经理晋升到总监的时候，月薪可能是从 8 万一下子增加到 12 万，这还不包括手机通讯补助、公司配车、健康检查等福利项目。

也因此，很多人抱怨公司的薪资结构不合理，因为当公司升迁一位员工时，他的能力并不会马上大幅提升，但是薪资福利却一下子跳升到一个相当高的程度，最后造成领高薪的主管和他们承担的责任在某些时候并不对等。

经济学家拉齐尔（Lazear）和罗森（Rosen）共同提出了"锦标赛理论"来解释这一现象。以大满贯网球赛为例，每一场比赛的胜负是相对的，出赛的两位选手可能都表现完美，也可能表现失常，但无论如何，最终会由表现相对较佳的选手胜出。而赢家的报酬多寡是事先议定的，冠军会分得总奖金的一大部分，剩下的才由亚军和季军去分配。这种奖金分配制度，确保每一位选手在比赛过程中都全力以赴，以求不断过关斩将。

公司内的升迁机制也类似锦标赛。一个部门里，谁会得到晋升常常是相对的，公司不一定有一个绝对的绩效标准来决定谁可以升迁，但会提升部门里表现相对优秀的员工。而且，给予主管优厚的薪资福利是公司多年来的制度，绩效好的主管会有独立办公室和停车位，绩效相对没那么好的主管也会有，甚至薪资也会依照公司固

职场充电很重要，
越早开始学习，你的职场生涯就越开阔。

定的薪资结构发放。绩效好坏或资历深浅有一定的影响，但不是绝对的。

公司之所以提供优渥的福利给主管，不完全是为了奖励主管，也是提供一个诱因，吸引员工去竞争这个职位。没错，就好像那场大满贯网球赛一样。

## 设立"主管"一职是为了吸引人才留任

一个大公司里的高层主管可能有上百位下属，规模较小或组织结构扁平的公司，主管麾下可能也有十几位员工。这么多人当中只有一个人可以升迁到主管的位子，而且不要忘了，这个位子可能好几年才空缺一次。

假设你现在是经理，月领8万新台币薪水，你的直属主管是总监，他手下一共有3位经理，你是其中之一。所以你们3个人都知道，运气好的话，几年后你的上司才有可能升为副总级主管，到时候你必须击败另外2位经理，才有机会当上总监。反过来说，万一到时候当上总监的人不是你，就代表会有一位年龄资历跟你相当的人成为你的新上司，而你离下一次竞争总监一职的时机，可能遥遥无期。

如果你知道公司总监的月薪大约在9万新台币左右（调薪幅度约为12%），你可能会想，未来两三年内，如果其他公司有总监或资深经理的职务空缺，那就跳槽过去那边发展吧。但是，如果公司支付给总监的薪水是12万~15万，另外还有配车和停车位等福利，你就非常有可能留下来努力工作以期待下一次升迁。

> 职业的选择往往是对机遇的一种把握，
> 错过机遇，你将会与成功失之交臂。

这样的例子并不罕见，只是不一定和薪资福利有关。我刚退伍的时候在台大医院工作过，医院里的医师分为住院医师和主治医师，而且两者之间的工作量和薪资有很大的差别。一般而言，住院医师任职4～5年可以通过考试取得主治医师资格，然后转任其他医院，可是台大医院主治医师的地位实在是高得不可撼动，我曾经听闻有人在该医院担任住院医师长达6～7年，只为了等候主治医师职务的空缺。

因而，公司之所以给予主管优渥的待遇，不仅仅是为了奖励主管本人，更是为了吸引那些有机会成为主管的优秀人才留任，鼓励他们为了升迁全力以赴。

当然，不同的公司情况会有所差异。如果是处于高速成长阶段的公司，为了扩大规模，可以持续地"创造"出多个主管职位。或是公司的主管流动率偏高，不断有人得到升迁接替原来主管的位置……通常，这类公司不一定会给予主管太高的薪资福利。

但是，如果公司的业务发展非常稳定或规模没有太大的变化，公司又高度仰赖主管的管理经验，那么就有可能实行锦标赛制度，给予主管优厚的薪资福利。而且随着级别越高，薪资福利的调整幅度越惊人。

你还在为"主管看起来很闲，却可以坐领高薪"的问题纠结吗？并不是老板对待主管与普通员工有差别，而是当每位普通员工都想通过努力跻身钱多事少的主管职位时，是老板最开心的事情。

## 为什么我是这个职位等级?
从职位等级看公司的人资政策和思维

经济学家亚当·斯密在1776年写成的《国富论》中就提到：一个人如果想独立制造回形针，将铁块烧融、拉成细线、冷却、折弯成回形针，一天只能完成10余枚，但一群人分工合作，每个人专心负责其中一个步骤，烧铁的专心烧铁，折回形针的专心折回形针，几个人一天可以完成数千枚。

企业之所以存在，是因为一群人分工合作，可以完成某些个人无法独立完成的任务，在效率上获得大幅度的提升。但是当企业雇用了一群人分工合作，每个人负责的工作内容不同时，该怎么分配经营所得的利润？这是一个艰难的课题。

我们应该理解并同意，对企业越有贡献的人，分得的利润理应越多。依照这个原则，几乎所有人都认定总经理对公司的贡献大于前台。但其他的情况就很难回答了，比如说会计专员、客服专员与人力资源专员，谁对公司的贡献较大？

当我们试图把同一等级不同类型的职位放一起，比较谁对公司

的贡献更大时,就一定会陷入橘子与苹果哪个更好吃的困境,到头来谁都不满意。

从人力资源管理的角度看,公司里的职位等级代表了不同职位对公司的贡献程度。总经理的职位等级高于前台,会计经理高于会计专员,资深工程师高于工程师……因此,公司认定前者的贡献大于后者。但这未必是一个普遍被接受的概念。

前文提到,我在一家成立不久的企业工作过。那时公司的员工只分为总经理、部门主管、普通员工三种身份。总经理当然只有一位,所以公司其实只有主管和非主管这两种职位区别。我还记得当HR向总经理建议为公司引进职位等级架构时,总经理白了他一眼说:"你们这些HR,为什么就这么喜欢把员工分等级?"

## 职位等级与薪资的核定标准是什么?

有时候当你加入一家公司时,公司会在雇用合同上注明你的职位等级。那职位等级到底是怎么核定的?

举一个非常极端的例子:倘若每个人在加入一家公司之前,都不具备从事这份工作的专业技能(很难想象这是一份怎么样的工作,如果要说的话,也许航空公司的机师、高铁列车的驾驶员、核电厂的操作人员算是),所有的工作技能都是在员工加入公司后才开始学习,而且随着工作年限越长越熟练。

如果上述情况真的存在,那么每一个刚加入的菜鸟对公司都无贡献可言,3年工龄的贡献小于5年的,5年工龄的小于7年的,

简单的工作重复做,你是专家;
重复的工作用心做,你就是赢家。

这时公司就大可以用工龄作为衡量职位等级的基础。

几十年前的工作环境和现在大不相同。那时候，许多人终其一生都不会换工作，而且工作内容相对简单，大部分公司认定大学学历的人比高中学历的人优秀，工作多年的人懂得的事情比刚参加工作的人多得多，所以在评定员工职位等级时，只考虑两个因素：学历和经验。

然而，现在的情况显然不是这样了。大约10年前，一位研发主管告诉我，他那个领域的工作"像是一门艺术，行的就行，不行的就不行，不会有训练几年就变厉害这回事"。这固然只是其中一种说法，但越来越多的例子告诉我们，学历和经验已经不是衡量员工对公司贡献程度的唯一标准，取而代之的是"职责"。

过去这些年，许多重量级别的台湾企业纷纷宣布全面调整职位等级架构，以职责作为核定标准（其实更重要的是伴随着职位等级而产生的薪资）。在公司里承担重要职责的，会被核定为较高的职位等级；反过来说，如果在公司里担任一个无关紧要的职务，不管做多少年，职位等级都不会有改变。

不过说真的，对非 HR 来说，"职责"这两个字和贡献程度一样抽象。那 HR 究竟是怎么做的呢？

## 职务相同，可能等级不同

几家国际人力资源顾问公司都有一套完整的职位等级评定系统，简单而言，就是通过几个不同的因素来评定，包括下属人数、

> 三十岁之后的转行，劣势是要考虑成本，即失去的东西能不能赚回来；优势是，你可以跟过去的资源搭接。

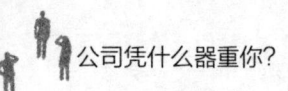

需要处理的问题难度、职务对公司盈利的影响程度、日常沟通对象的层级和重要性等。

HR将每一个职务经过这个系统评定后，将各个因素的得分加起来，就会得到该职位的分数。然后，再将该职位的分数和职位等级架构比较，比如100分以下是一级，101～200分是二级，201～300分是三级，这样就知道该职务在公司里属于哪一个等级。

通过这样的程序，同样的职务在不同公司里得到的结果可能有所不同。比如说，会计专业人员在一般企业里可能不是对公司盈利有直接影响的职务，但在会计师事务所里就完全不一样了。又比如说，网络工程师在很多公司里只是确保公司网络正常运作的职务罢了，但对网络信息公司来说，职责就大不相同。

企业可以因为自己的独特性而设计专门的评定系统，问题是，无论在专业和时间上，这都不是简单的事情。

在台湾，绝大多数具有一定规模的企业都是选好某一家管理公司，直接套用那家公司建议的职位等级评定系统。但就算大家用的都是那几家公司的评定架构，但不同企业的职位等级还是会不一样。

## 等级相同，薪资却可能相差十万八千里

HR会通过职位等级架构来进行薪资调查，不过，当两家公司的职位等级架构不一样时，A公司的经理和B公司的经理除了头衔一样以外，无论是决策难度、下属人数、工作的复杂性都大不相同，在薪资福利上当然也就不一样。

职业探索不是东闯西走，
而是找到自己的位置并持之以恒。

我在一家约有 100 人的企业工作过，公司在总经理以下设有总监、资深经理、经理、副经理、主任、资深专员和专员的职位。公司里有工作了很多年却还在当经理的人，也有年纪轻轻就当了经理的人。所以说，同样的职位等级，薪资却可能相差十万八千里。

我也在一家有上千人的企业工作过，集团总裁下有资深副总、副总、资深总监、总监、资深经理等职衔，每一个职衔还细分为三个等级。高层主管人数少，大概没有这种需求，但助理专员就有一级、二级与三级之分，专员和资深专员也都按照这个标准来分。

小公司通常分工没那么细，很多职位的员工需要具备多种技能，所以职位等级更有弹性，以有利于招聘人才。

## 同工却不同酬的情况

另外一个问题是，以职责来决定员工的职位等级是基于同工同酬的前提下，即公司里承担同样职责的员工职位等级是一样的。理论上，在评定一个员工的职位等级时，应该是以这个职务的工作内容来评估，而不是以从事这个职务的人是谁来决定。

但在现实中常常会出现一种情况，那就是公司在策略上需要招聘一些有潜力的员工加入公司，为未来发展储备力量。这些人还没有能力承担什么职责，对公司也还没有什么重要贡献，这时就产生了"职务"和"人"的拉锯战。

举例来说，很多公司有"干部储备计划"，这些加入储备计划的人，很多都是刚刚硕士毕业，加入公司后需要在许多部门学习和

当你能帮一个人的忙时，这个人可能是你的雇主；
当你能帮所有人的忙时，你可能就是他们的雇主。

轮调，因而很难评定他们的职责是什么。即使如此，公司还是授予他们比其他非储备干部高的职位等级。这就不符合同工同酬的原则，但从公司的长远发展来看，这也许是必需的。

很多年前，我去应聘某公司经理一职，最后被录用，但在核定职位等级时，他们不愿意给我经理的职衔，因为我的年龄远远低于他们公司的任何一位经理。我想说，如果一家公司在核定员工职位等级时以年龄作为标准，未免太过传统和保守。

所以，"职位等级"问题和公司的评定标准息息相关。公司可能会根据人才策略、工作职责、工龄、经验或其他因素去评定等级，这背后往往代表了公司的人力资源政策和思维。

第 3 章

# 职场生存之道
## HR 没告诉你的那些事

过关斩将进入职场,勤勤恳恳工作,却迟迟得不到升迁,是你不够努力吗?不是,只是你还没有学会职场的生存学。而这些道理,没有人告诉过你。

# 我在公司的前途由谁决定?
你的直属主管对"好员工"的定义是什么?

我大学主修的是心理学,记得当年有一门叫"婚姻与家庭"的课程,其中有一项家庭作业是这样的:如果还没有结婚,请回家和自己的父母亲聊一聊,然后详细列出他们对你婚礼的期望,越详细越好。这当然包括:

◆ 需要请人去提亲吗?
◆ 需要聘金或嫁妆吗?
◆ 需要宗教仪式吗?
◆ 公证结婚也可以吗?
◆ 需要迎娶的仪式吗?
◆ 要挑日子吗?
◆ 要请长辈来证婚吗?
◆ 要宴客吗?
◆ 在五星级饭店还是一般餐厅宴客?

◆ 要宴请哪些人？

◆ 礼金要分开收吗？

你会发现，父母心里想的和你理想中的婚礼举行方式相去甚远。我认识很多朋友，谈恋爱的时候选择性地忽略了彼此价值观的差异，到了结婚前，这些差异全都浮上台面，再加上双方家长各执己见，结果男女双方发生争执，甚至因此取消婚礼，从此分道扬镳。

职场其实也是一样。

## 谁决定了你在这家公司的前途？

每一年年底到来年年初，是大部分公司考核绩效的时间。主管必须在这段时间内完成对辖下员工的考核，并且和员工沟通考核结果。这是 HR 的规定，我自己当然应该遵守。所以每年这个时候，我都会和部门里的同事约好时间，一对一地讨论他们过去一年的工作表现。

我还记得某一年，我和辖下 10 位同事分别进行了绩效面谈，有一位同事在面谈结束前问我："老板，你觉得我在哪些方面可以做得更好？"

我并不是在暗示那些不问这个问题的人不是好下属，毕竟他们在平时已经和我有过充分的沟通，也许深知我的期望。我只是想表达一个观点：就像与父母讨论婚礼细节一样，如果你与主管仔细沟通，了解他对你的工作期望，你会发现，其实你主管心里的"好员工"

不管身处何地、何种环境，都不能没有目标。

标准和你对好员工的定义有着不小的落差。但由于主管不清楚你的标准，所以他通常也不会意识到这种差异。结果就是南辕北辙，你把梯子搭在了错误的墙上。我常常会告诉年轻朋友，在职场上，如果有一个人可以决定你的前途，那么这个人就是你的主管。

你的主管在你的职业生涯中可以成为你事业的助推器，也可能是一只拦路虎。所以你会不会得到重用，绝对和他息息相关。这是一个再简单不过的观念，只是大多数人很少把这件事情放在心上。

我不打算讨论"小人当道"的话题。我是说，在职场上你难免会遇到一些争功诿过、阿谀奉迎、私心自用的小人，如果你正好在这些人麾下工作，他们当然不会希望你成功（遇到这种主管，离职也就不可惜了）。但如果不是这样，而是你想做一名好员工，偏偏你主管心目中的好员工根本不是这样，那么你再怎么努力都得不到重用。

## 多观察，掌握主管心中的那把尺

绩效考核是一个非常复杂的流程，绝大多数的企业会将不同的项目依照不同的比例组合，包括目标达标率、职能行为展现、出勤率等，任何一位部门主管在决定"到底谁是优秀员工"的时候，心中都有一把尺，而且每个人的尺都不一样。

当你觉得优秀员工的定义是"尽可能让工作流程稳定，以达到较高的质量"时，也许你主管心里想的是"不断地调整、改善，以求更大的发展机会"；或是你觉得优秀员工应该做到"不到万不得已，

在职场中，
学会尊重那些不喜欢你的人。

最好不要麻烦上司",而你的主管认为优秀员工应该"事事都来请示我";或是你觉得优秀员工应"重视团队合作,以提升团队整体绩效",而你的主管认为"有能力的人就应该单枪匹马完成所有工作"……这种例子举不胜举。但我想大家都应该理解,如果你的标准和你的主管不一样,你觉得他会因此改变想法,依照你的标准,将你评为优秀员工吗?还是他会坚持自己,就算你辛苦了一年也得不到他的肯定?

我遇到过一位总经理,每天清晨6:00起床慢跑,7:00左右踏进办公室。我发现,如果想找他讨论事情,最好在上午7:30以前敲响他办公室的门,因为大家都还没有上班,所以他一定有空。后来我遇到一位"夜猫子"老板,常常凌晨一两点还在回邮件,所以有几次我睡不着,也试着半夜发邮件给他。而另外一家公司的老板是非常讲究纪律的人,我在那家公司任职期间,订做了十几件一模一样的白衬衫,除了领带会定期更换,我每天都穿着烫得笔挺的白衬衫外加西装去上班。我也遇到过一位女主管,她很爱干净,于是每当我下班的时候,办公桌上除了显示器、键盘和鼠标以外,任何多余的东西都没有。

除了这些,还有其他值得注意的地方吗?你的主管喜欢听口头报告还是喜欢阅读书面资料?在决策上喜欢冒险还是固步自封?喜欢掌握大方向还是小细节?花一点时间观察这些,你会得到很多重要的"如何得到老板信任"的信息。俗话说:"欲知山前路,但问过来人。"如果你想得到升迁的机会,就去向那些已经被提拔的人取经,去观察那些已经得到重用的人是如何赢得主管信任的。

## 如何看待职场上的"人际关系"?
人际关系不好可能就是你错失升迁机会的原因

我认识一位前辈,在香港某家知名金融公司担任高层主管,有一次他告诉我们几个年轻人,香港有一些手工制作西装的老师傅,出自他们之手的西装做工精良,价格便宜。所以好几次总公司的高层主管来香港开会,他都带他们去订制西装。有一次老板来香港开董事会,他照例将老板带到西装店订做西装,因为质量好价钱又便宜,老板相当开心,一边站着让老师傅量尺寸一边开口问他:"你要不要也订做一两套?"

故事说到这里,大家当然都很好奇:"你怎么回答?"

那位前辈笑着告诉我:"怎么能让老板觉得我可以和他穿同一等级的西装呢?所以我连忙说这里的西装对我来说贵了一点——无论这是不是事实。"

另外一个故事是一个同事告诉我的。为了一个项目,他到上海出差几天。一天中午,几位上海的同事说要请他吃饭。选好了餐厅,他们几个人有说有笑地走了进去,开始点菜用餐。朋友说,当时大家一边吃饭一边聊天，一切都很开心，直到餐厅端上来一人一盅的炖汤，他喝了大约半盅后，看到一只小蟑螂在汤里载浮载沉。

"哇，这也太吓人了吧！"连我这个局外人听到也不禁被吓了一跳，于是问他后来怎么处理的。

朋友说："说真的，我担心几位请客的同事会为自己选了一家不太卫生的餐厅而感到懊恼。为了不让他们觉得尴尬，我冷静地把蟑螂舀了出来，偷偷用纸巾包好并丢掉，然后若无其事地继续用餐——当然，不包括那一盅汤。"

## 维持良好的人际关系，不等于结党营私

在职场上，有一些员工表现优秀，但不知道为什么总是和升迁的机会擦肩而过。也许你身边就有这样的员工，也许你自己就是这样的员工。你可能会说："在人际关系上我还需要好好磨练！"但到底需要磨练什么，却从来不知道。

从事人力资源管理工作这么多年，我遇到过许多自我意识过强的员工，他们的回答是："我只是不愿意结党营私。"我想问，在公司里维持良好的人际关系和结党营私是同一件事情吗？人际关系到底是怎么一回事？

如果在大公司工作过，也许你会遇到那种"我认为彼此是朋友，但他结婚的时候却没有通知我"的情况，也许会遇到"我觉得我们实在没什么交情，但他结婚的时候却拿红色炸弹到处轰炸"的同事。我个人觉得后者比前者还糟糕，至少我认为前者还有机会补救。

充分利用业余时间学习，
提升自己。

所以，我要分享一项原则就是——与其让别人怀疑"我们有这么熟吗"，不如让别人觉得"拜托，我们哪有这么生疏"；与其让别人觉得"你未免太不客气了吧"，不如让别人责怪"你干嘛这么客气啊"。

也可以用两个简单的字来概括这一切，那就是：分寸。

中国汉字里，"分寸"二字实在是大有学问。在别人请吃饭时应该点什么价格的菜？拜访朋友时应该提前多久抵达？喜帖可以发给怎样的朋友？什么情况下可以开玩笑而不得罪人？今天的场合该穿什么衣服？去参加这个朋友的婚礼该封多少礼金？

这些看起来都是小事，但有时候，一个人能否获得众人的喜欢，就是从这些小事上体现出来的。

## 每说一句话，都要权衡轻重

现代职场竞争激烈，许多人把讲话尖酸刻薄误认为是"口才好"，这一点我完全不认同。

我曾经处理过一起同事之间的纠纷。事情的起因是这样的，A同事完成了一项任务，B同事指出这项任务中有一个没被发现的错误。本来也没什么，但B同事在发邮件的时候偏偏加了一句："这也难怪，毕竟你才刚升职，要管的事情比较多。"于是惹怒了A同事。他们到我这里来解决争端的时候，A同事认为"我虽然错了，但你有必要这样讲话吗"，B同事却觉得"自己只是开个玩笑罢了"。我不禁要问，你们的交情有好到可以开玩笑的地步吗？

要想成功，
工作一定要有使命感和责任感。

另外一个例子和我自己有关。有一次，公司更换了无线网络，当时我正在海外出差，不知道原因。在出差回来后的一场会议上，我发现自己的笔记本电脑上不了网，于是问了一下其他与会主管。在所有主管当中，只有我的电脑不能上网，当下立即有一位同事发话了："这你还不了解公司的决定吗？唉呀，身为高层主管的人要知进退啊⋯⋯"这当然只是一句玩笑话，但这真的好玩吗？

所以，当你在职场上必须说一些话的时候，要权衡轻重，因为你说出的每一句话，到底得体还是不得体，往往决定了你人际关系的好坏。

## 对别人好，就是对自己好

距今约2000年以前，耶稣说过一个比喻，我觉得到了今天仍然很适用：当有人请你去喝喜酒时，不要争坐首席，如果主人请了比你更尊贵的客人，那位客人到了，主人只好对你说："请让座给这一位吧！"那你只得羞愧地退到末座上。但如果你一去就坐在末座上，请你的主人就会对你说："朋友，请上座。"那时，你在同席的人面前就有光彩了。

我在某家外企工作的时候，公司的总经理非常在意"这是谁的场子"这种事情。他该当主人的时候，会想尽办法让所有的镁光灯都照在他身上，但如果换成别人是主人，他一定会非常低调，害怕一不小心抢了别人的风头。我必须说，他在扮演角色的时候非常称职，令我印象深刻。

有同事在你面前说另一同事的坏话时，
不要附和，只需微笑。

我也遇到过一位主管,在明明是别人请客的饭局上举着酒杯到处敬酒,俨然自己是饭局的主人,最后还醉酒失态。于是在吃完那一顿饭后,公司的几位外籍高层主管都表示对他的印象大打折扣。只是没有人会将这个意见告诉他,而他大概永远都不会知道自己为什么在那场餐会之后,工作始终不太顺利,一直到离职为止。

另外一种情况和工作有关。有些人只是做了一点小事,却把自己的工作形容得如同登天一般难,居功自傲。也有些人努力工作,事情成功后把成就归功于整个团队。如果你是前者,你的人缘会很差;如果你是后者,你的人缘会很好。

有些人总是想到"别人",有些人总是想到"自己",这大概是一个人在职场中是否受欢迎的重要分界线。

简而言之,可以概括为:"你们愿意人怎样待你们,你们也要怎样待人。"这也是《圣经》里的话,愿彼此共勉。

## 做听话的员工还是做有想法的员工？
### 建立自己的理念才不会被别人的意见左右

一位朋友在换了工作以后，受到新公司的重用，即将被外派到迪拜去工作两年。临行前，我请他吃了一顿饭，一方面是叙旧，另一方面也是饯行。

席间，他说不知道自己什么时候才能跟我一样有成就。我想说他错了，如果10年前我也有机会到国外工作两年，现在的我才有可能称得上有成就，至于目前的成绩，只能算是"还可以"。回顾这些年的工作经历，我从来不觉得有什么成就感，甚至觉得有点失望，年轻时梦想着赚大钱，于是拼命工作，不断接受更大的任务、更难的挑战，寻求更好的公司、更高的薪水。我总觉得自己是在人生的路上一路疾驰，错过了某些应该转弯的地方，才来到现在这个全然陌生的地方。

后来我很幸运地遇到现在公司的一位高层主管，他告诉我："如果你在工作中没有自己的理念，就会被别人的意见左右，最终一事无成，让自己过得很痛苦。"那时我刚来公司，非常想在短期内树

立起自己的威信，于是试着猜测老板喜欢什么、其他外籍主管喜欢什么，然后把自己装扮成他们喜欢的样子，推动他们认为重要的项目的发展。

就算到了今天，我对公司里人力资源管理的工作已经得心应手，却依然记得当自己还是一只菜鸟时的样子。那时候，大多数部门主管不是袖手旁观地想看我有没有本事留下来，就是趁机把很多原本不该我们干的工作丢到我们部门来。那是我过得很不快乐的一段时光，尤其当看到大部分员工对公司不满意，却又不愿放弃还算不错的薪资与福利时。

我担任人资主管，每一年面对极低的员工满意度调查分数（这个调查在全球所有分公司统一进行，你可以想象得到极低的分数对台湾区的总经理和人资主管而言会有多大的压力）与同样很低的员工流动率，非常沮丧。有一天，在公司的高层主管会议中我提出了我的看法，老板听完后，当着所有主管的面质问我："那么，请你告诉我，我为什么雇用你？"我一时无言以对。

后来的一天，我们又为一件小事争执起来，他非常生气地问："我作为公司的总经理，为什么连这么一点小事都不能按照自己的想法去做？"我想了一下，决定跟他摊牌："如果你愿意听真话，我想说，公司大部分的问题都是因为你的缘故。"

他听后暴跳如雷。不过我心中已做好离开的最坏打算，于是接着告诉他，从人力资源的角度去分析，公司需要改变的地方有哪些，哪些是要马上改变的，哪些必须耐心等候时机。

他听完后把我从办公室赶了出去。我回到座位上，对自己的前

就算是关系很好的同事，
也要保持一定的距离。

途感到一片渺茫，部门的一个小女生更是完全被吓到，她劝我先回家休息，一切等明天再说。

既然都决定离开了，为什么还要说这些？我也不知道自己当时是怎么想的，我只是觉得公司既然付我薪水，我就应该说出我的专业判断，这是我的任务和职责，至于老板愿不愿意接受那是另外一回事。

然而有趣的是，那天之后我和总经理的关系不是继续恶化而是有了好转，因为他觉得可以从我口中听到实话。于是，在每天一大早还没有人上班之前或是傍晚大部分人下班以后，我来到他的办公室，告诉他我对人力资源问题的种种看法。渐渐地，公司的管理有了起色。虽然他偶尔会抱怨我花掉公司太多钱或是做了很多没有成效的工作，但是随着大刀阔斧地调整公司的组织架构、请一些不合适的员工离开、改变吃大锅饭的制度，公司的员工满意度明显有了提升。

所以，问题的答案很简单：找到你想要做的事情，建立属于自己的理念，朝着那个方向努力，你会找到一个认同你的老板和适合自己的工作环境。最怕的是你今天为了一个老板这样做，明天为了一个老板那样做，最终不仅没有人知道你怎么想，连你都忘了自己曾经怎么想。

# "责任制"的存在是否合理?
## 不要让"责任制"沦为"奴隶制"

我曾经在一家外资企业工作过,公司的规定很清楚:某个级别以下的员工上下班需要打卡,某个级别以上的员工则不需要。需要打卡的员工有明确的上下班时间,如在上下班时间以外工作,公司必须依照当地的劳动法律支付员工加班费。至于那些不需要打卡的员工,也就是所谓的"责任制"员工,公司会每半年依照各人的工作目标达标率,发放奖金。

说得更清楚一点就是,在公司里,基层员工听命于主管,负责完成主管所交待的任务,这些任务在每天的正常工作时间内就可以完成,如果主管因为各种原因打算交付更多的工作给下属,就必须支付下属加班费。而某个级别以上的员工,公司会在每半年的绩效周期之初与员工定好目标,期末的时候依照这个目标的达标率发放奖金,至于在这个过程中你几点上班、几点下班,则没有人过问。大多数时候,员工会把工作目标分为多个以周为单位的短期目标,以确保每个星期的工作进度没有太大的耽搁。

我是 HR，很多时候处理的都是招聘、培训、薪资或业绩奖金计算等例行工作，这些工作的执行状况与少数几个项目的进度，就是我定期向主管报告的内容。但主管从没有过问我每天几点到公司、几点离开公司。事实上，他经常出差，我也经常出差，我每天待在办公室多长时间、有没有按时上下班，大概他想管也管不着。

我曾经到一家知名的高科技公司应聘基层人资主管的职务。谈到工作内容时，面试我的主管说："我们公司实行双休制，但人力资源部门的全体员工都会在星期六这天到公司无偿加班。"结果，在我当场表示不能接受这一点以后，面试很快结束，我当然没有被录取。

几个月后，我有一位高中同学进入这家公司担任基层研发主管，在他报到后不久，他的主管告诉他："如果你晚上没其他事的话，最好不要太早下班，因为人力资源部门会统计各单位的加班情况，然后表扬那些加班比较多的部门。"

说真的，当公司明目张胆地认为员工的工作时间应该超过 8 个小时时，很显然，这些公司已经违反了劳动法律。我认为这样的公司不应该称自己的工作制度为"责任制"，用"奴隶制"形容更贴切。

我之前工作过的一家初创企业，是由一群年轻人建立起来的。我进去的时候，公司已经略具规模，但毕竟还是初创企业，每位员工都可以用极低的价格买进公司的股票成为股东。那时候没有加班费，每个月领到的薪水也不算高，但当公司把各种成本都压低以后，得到的是相当可观的每股收益（EPS），再对应惊人的股价。很多员工手上的股票都值几百万甚至几千万新台币。当然，也从没听员工

偶尔跟老板交心是必要的，
但要适可而止。

有过"工时很长""工作很辛苦"之类的抱怨。

我记得进入公司后不久，主管交给我一大堆刚采购回来的电脑组件，有CPU、主板、硬盘、机箱等，然后要我自己去借工具组装起来。这当然只是一件小事，但见微知著，公司大大小小的事情几乎都没有规章制度可循，新员工必须小心翼翼地摸清公司的各种潜规则，以免得罪人。我后来想，公司的工作时间很长、各种会议不断，说不定就是这些因素造成的无效率成本。

美好的日子没有维持太久。公司不可能毫无限制地卖股票给不断加入的员工，同时也很难持续每年盈利需要翻一倍的发展。手上没有股票的新员工开始抱怨每天加班到深夜，可是手上握有上百张股票的老员工（多半已成为主管）会觉得这是个问题吗？当然不会。于是，原本属于单纯的管理问题，就上升为老员工和新进员工之间的"利益之争"。

在台湾，职场上最臭名昭著的大概就是"责任制"。很多人都戏称台湾企业的管理模式是"上班打卡制，下班责任制"。我第一次投简历找工作，应聘的是某媒体公司的营销企划专员（后来没有被录取），面试我的主管明确告诉我："公司每天早上9：00上班，有时候必须要工作到凌晨，但第二天还是一早9：00上班，晚一分钟都要扣薪水。"我那时候不懂人力资源管理，完全不觉得有什么不合理。但十几年过去了，事情似乎没有什么改变。

前段时间在培训师论坛上，我看到一个年轻朋友在询问工作的事情。他说一家知名上市公司的工作时间是早上8：00到晚上8：00，而且人人都知道这是公司的惯例。这多少让

关于对上司的评价，
你最多可以提及细微且无伤大雅的缺失，绝不可当面议论。

我感到惊讶。几年前大家曾戏称某半导体公司为"晨星公司",因为每当员工下班时抬头都能看到早晨的星星了,但这家公司的股价很高,为了股票而进入公司的员工应该很清楚自己接下来会过什么样的人生。

如果你问我的意见,我不会觉得责任制没有存在的必要。很多公司的中高层主管,他们的创意为公司带来的价值不能用一天工作几小时来衡量,如果公司认为他们的绩效标准是完成任务与否而非每天工作多少个小时,我认为是一件合理的事情。前段时间我和公司的软件开发主管闲聊,他告诉我,他辖下有一位软件工程师,上班时间总是看漫画或无所事事,但写起程序来又快又好,像这样的情况,公司只好允许他上班时间看漫画。当一个职位具备这样的属性时,采取责任制就是合理的事情。

但问题在于滥用和误用。

如果员工有时必须要工作10个小时甚至更久,有时却可以只工作6个小时甚至更短,总的来说,平均每人每天的工时维持在8个小时左右,这才谈得上公平。如果一家企业聘用了员工,却认为他们必须在公司待8个小时以上,这样的企业很难说不是出于压榨员工的意图。这是我认为的第一个问题。

但有一些公司之所以变成责任制,大都没有恶意,只是管理上有问题。

台湾很多高科技公司就存在"重产品轻管理"的问题。它们把产品优劣视为市场胜负的关键因素,这本无可厚非,因为科技行业本来就是这样,但公司的主管完全不负责管理,这就不对了。

跳槽前应做好哪些准备工作?
补充知识、经验和技能。

我不是想"一竿子打翻一船人",只是见过有些主管把工作交代给下属以后就完全不理了,至于下属有没有明白任务目标、能不能做好这项工作、上班时间是不是在用心工作,主管都不过问。"反正公司是责任制,你在下周三以前把工作完成就行,至于你每天上班做些什么,忙到几点下班,都不在我的管理范围之内。"很多主管都是这样想的。

我还知道很多员工在上班时间都有浏览网页或玩游戏的习惯。但是,如果员工因此到了晚上7:00还不能下班,公司要付加班费,身为主管的你还让员工在上班时做这些事情吗?在每次交代任务以前,会不先想清楚谁更有能力在上班时间内把这件工作顺利完成?会在交代完工作以后,对下属的工作进度撒手不管?

很多公司的工作或任务都没有得到正确的对待,而是一直在用错误的方法解决,只不过因为是责任制,主管才不管员工每天工作多少个小时,员工也因此缺乏诱因去思考更有效率的工作方式。

很多主管曾经也是受害者,却在升迁之后从受害者变成加害者(你一定听过"哎呀!以前我当下属的时候……"这一类话,伴着一副媳妇熬成婆的脸)。因为公司欠缺管理能力,无法辨识员工孰优孰劣,最后只好用"没有功劳也有苦劳"当作绩效考核标准,最终导致公司把管理不佳的责任推到员工身上,结果员工全都离开公司。

# 办公室恋情会影响到我的职业生涯吗？
### 谨慎处理职场与恋情之间的关系

走进社会后，办公室似乎变成绝大多数人花费时间最多的地方，认识的人也多半跟工作有关，所以和同公司里的同事谈恋爱也变成司空见惯的事情。

撇开我个人对办公室恋情的成见，只讨论企业管理问题，绝大多数的主管对办公室恋情的态度不外乎两种：反对和不反对。

我在开玩笑吗？不是。换句话说，在我的个人经验中，除了少数的主管鼓励同事之间互相交往以外，大多数主管都不会支持同事在办公室里谈恋爱。也许我是比较传统的管理者，我认为，办公室是工作的地方，任何危及工作绩效的行为，在办公室里都不太受欢迎，而办公室恋情是影响员工工作绩效甚大的一种行为。

每一个上班族都只是平凡人，心情好和不好的时候工作表现肯定不太一样。如果今天因为家人朋友的一点小事不开心，大概一整天的工作都不会太顺利，更不要提如果让自己不开心的人在同一家公司，那将会更严重地影响到自己的工作表现。

再者是对其他同事的影响。我之前任职过的一家公司，一个小部门里有两位同事谈恋爱并顺利结为夫妻，这本来是美事一桩，但从那之后，很多时候他们势必会一起请假，部门里会同时少了两名员工，职务代理会是个问题。

还有可能发生的情况是，公司里有两位同事在谈恋爱，两人在公开场合非常亲密，其他人很难不受到影响。如果两个人遇到意见不合、吵架、第三者介入、分手等状况时，其他人要保持一颗平常心去看待，还真是难上加难。我曾经就遇到男女同事在茶水间就感情问题进行谈判的情形，我都不知道自己应不应该走进去倒开水——也许不应该，但我为什么要忍受这样的事情？

如果是在规模稍大的公司，其中一个人还有调到其他部门的可能；但如果在规模较小的公司，两个人在众人面前公开交往，十之八九会给其他同事带来困扰。

现在企业竞争这么激烈，工作态度认真、绩效表现无虞的员工都不一定可以保得住工作，更何况那些把公司当成恋爱场所的员工。规模大一点的公司，如果男女朋友不在同一个部门里，对其他同事的影响也比较小。所以公司多半会有男女朋友"不能在同一个部门"或"不能有业务往来的关系"这一类规定，将可能发生的负面影响降到最低。

至于那些规模较小的公司，办公室恋情对公司的影响就比较严重，只不过小公司人情味浓厚，对办公室恋情不置可否而已。

不过，爱情来的时候，没有人可以阻挡。如果你是当事人，该怎么面对办公室恋情？

你在职场上说出的每一句话，
都会影响你的人际关系。

我的答案是：尽可能低调，最好能做到没有人发现你们是恋人。我相信绝大部分的主管会说："只要不影响工作，我并不反对办公室恋情。"这就对了，前提是"不影响工作"。

如果你是公司里的优秀员工，无论做什么，都更容易得到老板的包容。我见过很多老板愿意在原则上稍稍让步，让某一位表现杰出的同事愿意待在公司继续努力工作。所以，如果你的绩效表现好，和公司同事产生恋情，我相信老板不会有太大意见，或者他会适度调整公司规范，让事情变得合情合理。

不过我总会想到职场的黑暗面。职场中有很多事情，其实没有标准可言。比如说，前一天晚上没睡好，第二天上班有一点精神不济；手边有太多事情要处理，忘了提醒老板有一个重要的来电；赶着发一封邮件，没有发现自己把客户的姓氏拼错了……这些都是微不足道的事情，也许在每个人身上都发生过。然而，一旦你开始谈恋爱，情况就不一样了，可能会有人在背后说："哎呀！谈恋爱了嘛，哪会把心思放在工作上。"这一类的闲话原本就够让人烦的，如果你交往的对象是公司同事，恐怕事情会变本加厉。

我的意思是，有时候绩效考核的标准并没有那么客观，何必让别人有编织"你心不在工作上"这类八卦消息的理由？

虽然公司没有资格禁止员工之间谈恋爱，但如果公司有这类相关规定，而你正在和某一同事谈恋爱，那就务必保持低调，直到其中一方在外面找到工作。毕竟纸包不住火，事情不能永远保持秘密。

不过无论如何，主管绝对不适合和自己的下属谈恋爱，一旦发生这种情况，两人当中有一人应尽快调转部门或离职，否则有一天

> 互相理解，互相帮助，
> 互相支持与合作，有利于化解同事之间的嫉妒情绪。

恋情曝光，将会对公司造成严重的伤害。因为没有人会认为绩效不佳是自己的错，这是人性，也是我在大学心理学课堂上学到的道理。如果你是那一位主管，你等于给了部门内表现不佳的员工到处抱怨"自己绩效考核差，只因为没办法像别人一样和老板上床"的机会；如果你是那一位下属，当其他的同事在谈到你过去得到的奖励和升迁总是带着诡异的表情时，你觉得还有什么比这更糟的吗？

## 工作搞砸了怎么办?
### 你必须是第一个向老板报告坏消息的人

前一段时间,我在工作中搞砸了一件事情。

虽然我告诉大家该怎么找工作、谈薪水、争取升迁,但毕竟不是职场达人或管理专家,只是一个平凡的人资主管,和绝大多数的上班族一样受雇于他人,工作中受到的挫折常常比成就还多。我也和一些年轻的朋友说过,我在公司里的职位不算低,当我搞砸事情的时候,后果可能很严重。

我没有想在此分享我到底搞砸了什么事情,只是在回顾整件事情的时候,我觉得其中有一些环节我可以做得更好。

我高估了自己在这件事情上的影响力。这是一个横跨了营销、财务、法务、人力资源等多个部门的项目。因为是跨部门的项目,我关注的重点和其他部门成员的肯定不一样,我需要从人力资源的角度考虑问题,而财务或营销人员关注的重点则在于成本增加或效率减损上。到底应该坚持什么保留什么,这需要事先想清楚,但是我却忽略了,于是导致项目开始后,一些显然违反人力资源政策的

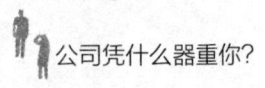

措施被执行,项目成员高度流失,大家花了很多额外时间去处理人的问题,而不是专心在工作上。

现在想一想,这个项目中有一些地方我应该坚持,但我没有。对其他部门成员而言,这个项目的重要目标可能是开发新的客户、推销新的产品、收集新的市场信息,绝对不是项目成员的稳定留任。其实项目在一开始的时候,人力资源部门就没有主导权,我以为其他人会尊重HR的专业性,但结果没有,很多事情都因为"预算有限"或是"时间不够"被草草对付,结果让项目付出惨痛的代价。

工作中不如预期的事情经常发生,这不足为奇,但关键在于,当事情开始出现恶化的征兆时,有没有立即采取矫正措施。

大家都知道,问题刚出现时是很小的,小到让你觉得"这没什么大不了"。尤其是当你手上有很多工作的时候,也许会想:"好吧,过两天再来处理好了。"但过两天又有新的事情要处理,于是又过了两天,最后变成过了许多个两天。等意识到这是一个非处理不可的问题时,也许已经过了两周。我那时候之所以决定要花时间来处理事情,是因为问题已经严重到不容忽视的地步。

没有人想把事情搞砸,也没有人想让工作被耽搁。但是每个项目都是由很多细小的环节组成,当某个你认为很微小的环节被疏忽时,很可能就发生连锁反应,最后演变成一场灾难。

我没有在第一时间让我的老板掌握状况,这大概是人之常情。在一开始出现问题时,我想:"嗯,我应该有能力在这个星期把问题解决,所以不需要惊动到老板。"但就像我在前一段所说的,最后采取行动有点晚,结果也不如预期。更可怕的是,这件事情是由

不要急着向领导证明自己工作有多么出色,询问他对你工作的看法更加重要。

别人告诉老板的。我的老板是一个情商很高的人，他用开玩笑的口吻跟我说他已经知道了这件事情，并且希望我接下来可以妥善处理。

很多年前，有一位前辈告诉我："你要确保自己永远是第一个向老板报告坏消息的人。"我们不妨设想一下，你搞砸了一件事情，是第一个向老板报告消息的人，当他知道了事情的起因、现状以及接下来会采取的措施时，万一有其他人向他打小报告，他会说："我已经知道这件事情了。""灾情"便有可能得到控制。但如果是由别人告诉老板你搞砸了一件事情，他会怎么描述这件事情？最终，也许那些跟你有关或没关的责任，都要由你一肩扛起。

现在再回过头来看，其实这个项目大大小小有很多问题。我所搞砸的部分，不完全是我的错，但无论如何，都无法改变我做了一些错误决定的事实。

失败并不可怕，重要的是你能不能从中吸取教训，避免同类的事情再次发生。我不敢说从此以后我会做得多么好，但确实学到了多年之后仍然觉得大有益处的宝贵经验。

## 能否在网络上讨论和公司有关的事？
### 凡是不能被别人看见的，都不应该放上网络

故事的开始是这样的，我们公司有一位 L 小姐被指派参与一个跨部门的项目。在被指派参加这个项目的时候，L 小姐很有工作热情和上进心。但半年后，在项目接近尾声的时候，项目成员通过 E-mail 和 MSN 互相传递着一个网址，那是 L 小姐的私人博客，里面有一篇文章是她的工作日记，她在文章中提到自己"充满热情地参与项目工作，想不到得到的是其他成员的打压"。她认为自己被分配到的工作永远是最底层、不重要、需要花大量时间却没有人在乎的基层行政工作，而且项目中有一些人联合起来欺负其他成员，甚至可以用争功诿过来形容。

在该篇文章的最后，她用非常情绪化的字句点名批评专案中的某些人："Allen、Betty、Charles 和 Debby，我恨不得你们从公司永远消失，再也不想看到你们！"

我之所以知道这个事情，是因为我们部门的同事 Charles 也是项目小组的成员，他也在 L 小姐的点名当中。在收到这个网址的第一时间里，他主动向我汇报，虽然身为 HR，他也不知道该怎么处理这件事情才好。

然而，不是所有人都像 Charles 一样好说话。等我打开网址阅读时，发现文章底下已经有几位项目成员的留言。留言当然不太好听，都是批评 L 小姐不合群、制造麻烦等，最直接的反驳则是来自同样被点名的 Betty，她批评 L 小姐说："专业能力不足，开会经常迟到，还挑工作，你才是应该从公司消失的人！"

## 发表文章前，多想一下

这是一个网络至上的时代。在网络上，每一个人都可以自由发声。如果每一个人都乐于在网络上分享自己的工作心情，无论是丢了工作、搞砸了事情，还是被老板骂了、被同事欺负了都诉说一番，那么每天产生的文字数量将非常惊人。有一段非常有趣的文字是这么说的：你可以在网络上抱怨你的人生，会有一大群人帮你点赞，但没有人会出面协助你解决问题，因为他们也正忙着在网络上抱怨自己的人生。

到底什么样的心情故事才应该被放上网络？

很多人都认为博客只是用来记录心情的工具（在我们那个年代，这叫作"日记"，而且会锁在抽屉里，如果家人偷看了的话，会和家人冷战很久），以为在博客上宣泄一下情绪或是分享心情故事，其他人是没有资格过问的。但只要在一家公司工作久一点，朋友和同事之间的界线会越来越模糊，很多同事会慢慢成为你的朋友，常

试着在工作中建立起自己的做事理念，
否则你很容易被别人的意见左右，最终一事无成。

常出现在你的私人生活中,而朋友也可能会因为你的引荐而成为公司的同事。所以你怎么能确定,你在博客中批评自己同事的文章,不会出现在他们眼前?

千万不要忘了一个道理:"凡是不能被别人看见的,都不应该放上网络!"只要你把文章或照片上传到博客,不管用了多复杂的密码加以保护,还是有被别人看到的可能,也许是密码被破解,也许是数据在技术错误中外流。所以,找一家餐厅向三五好友抱怨公司同事是一回事,在网络上写一篇文章抱怨则是另外一回事。如果不能拿捏这之间的分寸,总有一天事情会变成一场灾难。

有一些职场专家建议大家不要和公司同事分享自己的博客网址,甚至不要在网络上谈论公司的是非。这对时下的年轻人来说大概有点难,所以我的建议是:在你发表每一篇谈到公司同事的文章前先想一想,如果让当事人看到了,他们心里是何感想?会不会也给你自己造成困扰?多想一下,很多不必要的麻烦就可以因此避免。

## 主管也无需过度反应

当然,我希望大部分的主管可以用宽大的胸怀去面对这种事情。如果下属在背后批评我,我知道后自然会觉得不高兴,但毕竟他不是当着我的面说的,我可以不做出任何反应。甚至我可以借此反省自己是不是真的有不对之处。同样地,如果有任何同事在博客上发表对我或人力资源部门不以为然的意见,只要他不是直接讲给我听的,我会给予尊重,因为这仅代表他的个人意见。

每一个职场人经过一定时间的积累和经营后,都能拥有自己的"背景"。

我的意思是，员工或多或少都会和朋友抱怨自己的同事，这是人之常情，但是如果他试图拉拢其他同事一起抵制或批评公司，那就未免不智，应该被制止。所以我想，除非他刻意去伤害公司和同事，否则我会一笑置之。

我最近有一个很强烈的感悟：如果每个人都扮演好自己的角色，其实人生可以过得很惬意。很多时候之所以不能顺心如意，往往是因为我们没有扮演好自己的角色。

这其实也不是什么新观念，几千年前《论语》里就说过"君君、臣臣、父父、子子"的原则。如果你是员工，请记住一件事：抱怨不会对事情有任何帮助，更不用提在公开场合批评自己的老板或同事。如果你是老板，也请记住一件事：你不可能得到所有人的认同，能够自我反省以及幽默地看待别人的批评，是人生的一种修养。

如果主管和下属都能扮演好自己的角色，网络也许只是一个有趣而新鲜的发声媒介，要不然，那些真实世界发生的管理问题被放上网络以后，只会变得更加复杂和严重。

## 虚拟世界的领导力，在职场中是否适用？
### 学习如何不用通过职位优势去影响他人

我认识一个朋友，白天他是个普通的上班族，在一家公司担任毫不起眼的内勤部门专员，月薪不到3.5万新台币。但是下了班以后，他是知名在线游戏"天堂2"的公会盟主，他所带领的公会成员超过100位。他最引以为豪的一次在线活动，是联合了其他5位公会盟主，一起进行了"推王"活动。在在线游戏世界里，所谓的"推王"是指网友们一起集合起来去消灭魔王的任务。

简单地说，大部分网友的攻击力有限，面对生命值和攻击力高出自己数百倍甚至数千倍的魔王，唯一能够消灭他的方法就是通过组队来进行。有人在前线拿刀剑攻击，有人在后面放箭，还有人替前方受伤的队友医治，要这样同心协力才有可能将魔王一举击倒。那次活动，他一共召集了超过500位来自不同地方不同背景的网友，在同一个时刻集结在虚拟世界的同一个场景里，听从盟主的指挥一起攻击魔王。当他兴高采烈地告诉我"只有盟主才有资格骑飞龙，那天有6只飞龙出现在同一个地方，场面不知道有多壮观"时，他脸上的光彩和自信，让我看到一个完全不一样的人。

我自己也玩在线游戏"魔兽世界"，不过没有他那样的本事，绝大多数时候，我只能乖乖地听候盟主的指挥，才能完成具有挑战性的任务，可以想象要号召这个活动有多困难。对在线游戏的玩家而言，权力从来都不是稳固的，任何一位玩家都可以选择随时离开或永远下线。在真实世界中，你也许会看到很多平庸的领导者在管理部门或公司，但是在游戏世界里，这是不可能发生的事情，因为公会盟主领导的是一群"随时可以用脚投票罢免盟主"的追随者，如果有任何人无法说服他人来跟随，他绝对不可能成为领导者，对任何人来说，这都是很大的挑战。

2008年2月，约翰·布朗在《哈佛商业评论》上发表了一篇重要的管理研究文章《在线游戏玩出顶尖员工》，文中提到在在线游戏世界中表现优秀的玩家，在5种特质上比一般人好：重视绩效、尊重多元、勇于改变、乐在学习、勇于尝试。同年5月，马隆和李夫兹也在《哈佛商业评论》上发表《玩出领导力》一文，文中提到在线游戏有几项特质：讲究速度、鼓励冒险、暂时领导。这和未来的企业型态非常相似。

在很多外资企业中，和你一起合作项目的成员并不在你身边，甚至和你不在同一国家，你也从来没有见过这个人，你们的沟通工具只是电话、邮件或是即时通讯软件（如果公司许可的话）。因此，该如何和那些从来没有见过面的同事一起完成一个项目，是最大的挑战。就算不是在外资企业，随着越来越多的年轻人加入职场，未来的工作环境可能会和过去有着很大的不同：步调加快、讲求项目

如何从职业枯竭的状态中恢复过来？
一是寻找一份新工作，二是改变自己。

性质的编制、层级变得不那么重要（为了不同的任务特性，公司将会在不同的项目上指派不同的负责人，因此员工有机会轮流担任项目负责人）、员工流动率比过去高、员工越来越重视非财务性的奖酬（员工需要的是激励而非管理）。这些特色，和在线游戏都有相当程度的相似。

当越来越多能人加入公司，主管不可能靠着"因为我是领导，所以要听我的"来管理员工，如何发挥个人魅力而不用通过职位优势去影响他人、如何和不同部门的同事沟通合作，我认为是未来领导者要掌握的重要能力。所以，在线游戏将成为很好的渠道，让企业去观察谁具备优秀的领导特质。

当然，在线游戏也有很大的消极作用，它提供了一个让人从真实世界逃离至虚拟世界的空间，容易让人沉迷，而且浪费时间。这就像小时候的漫画书、电视机一样，是"好孩子应该远离"的娱乐工具，但我相信，随着在线游戏玩家的逐渐增长并进入职场，也许有一天，他们会运用在游戏中学到的领导方式来领导下属，那时，企业管理方式将会有一番巨大的改变。

## 我想提前半小时下班，该怎么提出申请？
### 想让公司为你改变游戏规则，先证明你值得

公司的 A 小姐今年考上了大学夜间部（夜间上课，所有课程与日间部一样，毕业后同样授予学士学位。——编者注），她向直属主管提出请求，希望每天可以提前半小时下班，以方便晚上去学校上课。为了鼓励员工进修，她的主管爽快地答应了，但总经理却持反对的意见。最终，事情来到了我这里。

从事人力资源管理工作这么多年，在各式各样的公司工作过，我个人的经验是：大部分公司的管理或多或少都有一点弹性，以方便主管的实际管理需要。同一家公司里，有人去念书被视为勤奋好学，却也有人因此不受欢迎；有人可以得到破格提拔，却也有人受制于种种规定和门槛；有人出差回来后可以休息半天，却也有人上午出差回来下午没进办公室被视为偷懒。每一次，当这类争议来到我这里的时候，我都发现员工忿忿不平地认为"主管偏心"。其实他们不明白，公司的管理因人而异。

公司的管理规则不是死的，重点在于"人"。如果想改变公司

 公司凭什么器重你？

既定的游戏规则，你必须先证明，你值得主管为你这么做，或者说他为你这么做风险很低。

## 公司只会为优秀员工改变游戏规则

公司会为谁改变游戏规则？当然是那些优秀的员工。很多公司会破格晋升员工、给予超过平均水平的调薪幅度、在规定的上下班时间给某些人弹性、提供额外的休假等，都是为了让这些员工可以留在公司长期发展。

我常常和我的老板讨论这个问题，他总是强调"机会是留给那些表现优秀的员工的"。无论是公司的培训、升迁、调薪等，都应该留给绩效排在前20%的员工，因为他们对组织有80%的贡献，也就是所谓的"80／20法则"。他认为绩效排在前20%的员工的产能，对公司有非常大的正面改善，所以增强这群人对企业的向心力最重要。

如果你是公司里的优秀员工，让老板觉得雇用你会为公司带来极大的效益，你确实有机会让公司为你打开一道方便之门。

另一个方法是：降低老板为你这么做的风险。在A小姐的案例中，我问总经理为什么不愿意让她提早下班，总经理的回答掷地有声："我辖下有近1 000位员工，如果我今天答应她，是不是代表我明天必须答应别人同样的请求？"这样听来也合情合理，所以我花了一点时间去了解问题的症结所在。

一天晚上我和总经理一起吃饭，酒过三巡后他告诉我："其实

在职场上，把自己当成最聪明的人，
往往是最笨的。真正聪明的高手，是大智若愚。

公司也不是没有其他员工去念大学夜间部，但那些人提出要提前下班的理由时都主动说，如果因为学业影响到工作，他们愿意休息日无偿加班，或是下课后赶回公司加班，如果公司有突发状况，也愿意向学校请假甚至可以降低薪水来弥补公司的损失。我哪里会这么小气，跟基层员工计较这半个小时的工作时间，这是态度问题啊。"

每一位领导都不希望自己亲手建立起来的游戏规则遭到破坏，所以当你试图请求他这样做的时候，你必须说服他这样做不会对公司造成任何风险或困扰。最终你会惊讶地发现，你的请求会部分甚至全部被接受。

## 先搞清楚状况，再提出请求

如果你因为家庭、健康、学习进修、宗教活动等原因希望偶尔可以在家上班、调整出差日期、提早下班或延迟上班，都可以向老板说明情况，提出请求。但这当中最关键的是：你必须是一个有价值的员工！再讲一次：公司的工作规则往往会为那些绩效卓著的员工做出小小的让步。

另外，搞清楚你的处境也很重要。如果你是在一家小公司上班，工作弹性往往会比较大。但如果你从事的是"一个萝卜一个坑"的工作，比如说服务业或制造业，或是公司里有一大堆人和你从事同样的工作，你就很难得到例外的对待。除此以外，你必须理解，很多时候你的直属主管并不是真正的决策者，从这项调整中获得利益的人是你，但为整件事负责并且承担风险的人是他。

在职场上，如果有一个人可以决定你的前途，那么这个人就是你的主管。

你需要花更多的时间去说服主管，这其中也包括了你可能要承诺"先试试这样的调整，如果真的发生问题，我随时可以遵守公司原来的工作规则"，或是主动提出"自愿减薪"的建议。

毕竟对大多数公司而言薪资都是秘密的，没有人知道你领了多少钱以及你为这项规则的改变付出了多少代价。就算你减少的薪水只有区区一块钱，但已足以让你的主管在必要时告诉其他同事："他提前下班去念书没错，但他也因此自愿少领一部分薪水。"这个说法可以让很多人心服口服。

最后，我要提醒大家，如果你的主管正苦于没有机会让你离开公司，像这一类请求往往会变成压垮骆驼的最后一根稻草。

# 绩效考核究竟考什么？
## 不管制度如何，最后摆脱不了的是人性

每当年底我总是特别忙碌，因为要尽快把公司今年交付的任务做一个总结和收尾，我常常戏称这种行为是"年底做账行情"。但无论如何，那些规模较大的公司，每年至少一次，一定会进行的就是"绩效考核"。

我问过很多人绩效考核的目的是什么，最常听到的答案是"让员工了解他过去一段时间的工作表现"或是"分辨谁是优秀员工，谁是表现不佳的员工，以此作为赏善罚恶的基础"。或者进一步说，绩效考核的作用在于评估员工在哪方面的工作中表现杰出，在哪方面的工作中有待改善。

我在不同的公司工作过，但凡谈到绩效考核，几乎所有的公司实行的都是类似的考核方式。绩效考核包括了两个部分：目标管理和行为评估，然后用不同的比例组成绩效考核。这样的考核方式兼顾了"员工完成了什么目标"和"员工如何完成这些目标"两个方面，平衡了员工绩效的量和质两部分。

公司凭什么器重你？

## 目标管理

我念小学时遇到过全班被罚抄课文的情况，每天早上老师会指定当天要抄写的课文，大家利用下课、午餐后或放学后的时间抄写，抄完给老师检查，检查过关后才可以下课去玩或放学回家。这也可以算是一种目标管理，每天早上到学校时订好工作计划，放学回家前确认绩效目标是否完成。

在职场上，常见的绩效考核是以半年或一年为周期，期初制订绩效目标，期末逐一检视这些目标的达标率。

"目标管理"这个词首见于彼得·德鲁克1954年出版的著作《管理的实践》中，出现在企业里已经超过60年的历史了。在这半个多世纪以来，目标管理也有了些许的改变，比如更重视员工参与管理、更兼顾长短期目标和发展出众所皆知的SMART原则（指的是在制定目标时所应遵循的五项原则。——编者注）等。

市面上有太多杂志、书籍或管理课程在教导大家如何制订目标，同一个职务的工作目标在不同公司也只是大同小异。

比如说，只要谈到人力资源工作，培训课后满意度、离职率、培训时数、招聘周期，都是常见的目标，无论在哪一家公司都没有太大的差异。

目标管理最大的挑战当然是工作目标的制订。如果不能制订合适的目标，管理就会失去意义。

绩效管理中最常听见的一句话是"你奖励什么就得到什么"。如果公司认为营收数字很重要获利不重要，就会有人不计代价地投入

与老板相处的几个秘诀：穿着得体大方；
上班早一点；做事积极主动；工作时不随便聊天。

营销预算以求拉大营收数字；如果公司认为产品准时上市很重要，就会有人无视产品质量而坚持要准时上市。

过度重视短期目标而忽略长期目标、过度重视财务目标、有关质量或创意的目标太难制订等，都是在目标管理过程中常常遇到的问题。

此外，如何有效地让公司策略一路展开，向下延伸到员工的个人目标之中，是目标管理中最关键的因素。在我以前就职过的一家公司中，虽然全公司每一位员工的年度绩效考核成绩都在70分以上，但是一整年下来公司还是亏损了近10亿新台币，大概就是因为这当中的环节出现了问题。

后来发明了平衡计分卡，这个工具可以协助主管将组织策略向下连结到部门目标，再到个人目标。但有了平衡计分卡，并不表示从此可以过上幸福快乐的日子，很多企业根本就没有目标管理意识，目标订好后，主管从此不闻不问，最终目标有没有达成好像也无关紧要，这都是常见的现象。

另外一个问题是，就算企业制定了一个还不错的目标，也可以一路向下贯彻到每一个员工的个人目标中，但现在企业竞争激烈，目标变动频繁，有时年初制订好了年度目标，但才过3个月就发现，自己每天做的事情都是年初没有谈到的新工作，而部分既定目标似乎变成历史，不再需要了。

很少有主管可以做到每一次改变公司目标的时候，就跟着调整全体员工的个人目标，因而，"目标管理"这个概念看似简单，其实要做好却是一门高深的学问。

> 要想得到升迁，最重要的事情是，
> 你得证明自己"有能力承担更大的责任"。

## 行为评估

很多企业会在目标管理以外提出另外一种绩效评估方式,姑且称它为"行为评估"。行为评估跟工作目标的达标率无关,它旨在衡量员工在绩效周期内的行为表现。

公司的营业额、客户满意度、程序开发进度等,可能会因为组织运作的实际状况而经常调整,但要做好这些工作,其行为表现是类似的。举例来说,促进团队成功、计划组织能力、问题分析与解决等行为,是很多职位都需要做到的。如果一个员工能够持续表现出这样的行为,不管主管交付什么工作任务,都可以按时完成。

通过行为评估,可以解决个人目标随组织目标不断改变的问题,因为这项评估主要锁定在员工的工作行为上。不管员工负责的是哪一项任务、是不是在一整年当中被派去参加好几个不同的项目,最终主管用来评估员工表现的是员工在工作中的行为,而不是实际完成的目标。

常常听到一些主管抱怨自己辖下有那么几位员工,工作认真努力、乐于助人、有团队合作精神,但就是无法按时完成工作,所以行为评估是在鼓励"好人",而不是在鼓励把事情做好的"好员工"。

从人力资源的角度看,真正好的行为评估系统,必须经过非常专业的设计,才能辨识那些"把工作做好"的行为,并正确衡量。

举例说,要评估一个门市的销售人员有没有顾客导向行为,可能会跟这些因素有关:是否主动帮忙招呼顾客、与顾客交谈时的态度、能否仔细聆听客户的需求并设法满足。这三种行为都是门市销

就算是有能力并且有明确
职业方向的人有时也需要帮助。

售人员对顾客展现的正面行为，但可想而知，第三种行为对公司的销售业绩是有帮助的，第一种行为则未必。如果能够正确观察和评估员工，就可以知道谁的行为对工作绩效有帮助。

这比把目标管理做好更难。很多公司没有办法做到"辨识那些把工作做好的行为，并正确地衡量"，所以任由公司几位高层主管和HR随便勾选几项内容（比如说诚信正直、工作积极主动、有团队合作精神）放到绩效考核当中。诚信正直是企业对员工最起码的要求，怎么能用来评估谁可以把工作做好？

又比如说，台湾很多高科技公司都有"创意绩效"这个评估标准，但深究这些公司的核心竞争力，却发现它们真正需要的是纪律、效率和成本控制。

这就是我想说的，不恰当的评估标准，最终无法辨识谁能把工作做好。到头来，行为评估在企业中往往变成目标管理的附属品，让绝大部分主管用来当作加减分的工具。如果一个员工的工作态度很好，但目标达标率偏低，主管会在其行为评估上加分；反过来，主管也可以对那些绩效目标达标率很高但工作态度恶劣的员工，在其行为评估上减分。

## 制度摆脱不了人性

在台湾，绝大多数推行绩效考核的企业，都组合了以上两种做法，只是各有利弊。有一些企业在打完绩效分数后，还会接着做强迫分配，那就是另外一门更复杂的学问了。

职场人士对企业的发展进程要有耐心，
要愿意投入时间，同时尊重公司的发展大局。

如果你问我哪一种更好？我会说，只要可以落实执行，无论是哪一种绩效考核方式，都能有效地达到目的。但很多公司都以为有一套完美的制度，可以做到"把员工丢进去，系统就会自行评估出谁表现最好、谁表现最差"，其实这是对绩效考核的最大误用。

另外，不管制度是如何设计的，只要参与过公司的几次绩效考核，你都会明白，人为的因素还是很重要。如果你的主管喜欢你，你可以上天堂；如果你的主管讨厌你，你就等着下地狱吧。

无论制度如何设计，最后摆脱不了的是人性。

## 当我遇到不公平的对待时，该向谁申诉？
### 再三考虑，低调解决问题或申请调转其他部门

我有一个认识多年的朋友，原本在一家很大的企业里做临时工，不过他不是从事基层行政文书工作，相反，他有非常独特的专业能力，只是因为还在攻读博士学位，所以被那一家企业聘为专业的临时工。

他在该公司里享有一般员工所没有的福利，比如，他的直属主管给他安排了一个停车位，让他可以开车上下班，这是中层主管以上的职位才会得到的福利。不仅如此，他的合约即将到期，主管几次和他恳谈，希望他留下来转为正式员工。

有一天他下班的时候，发现自己的车子被撞了（事后他告诉我"靠驾驶座那一侧的车门严重变形，连钥匙都无法插入钥匙孔中"）。因为车就停在公司的大楼里，并没有任何外来车辆进出，不用说都猜得到，撞他车的是公司的另外一位主管。于是他试着寻找有没有人在雨刷上留下只言片语，结果没有。

他想要寻求公司的帮助，于是回到办公室，拨电话给警卫室，

公司凭什么器重你？

请警卫室调出停车场的监控录像，希望可以找出肇事的车主。对方回复他，这样的请求必须由部门主管出面。于是他把这件事告诉主管，请主管为他申请调出监控录像。

第二天，当他走进办公室时，发现桌上放了一杯咖啡，是他的主管请他喝的。他不知道原因，便走到主管办公室当面致谢，对方东拉西扯地讲了一大堆不相干的事情以后才进入主题："对了，我想跟你说一声，关于你车子的事情，能不能算了？反正车子都有保险嘛，保险公司一赔不就行了吗？没必要和其他主管过不去。"

然而，我那个朋友向来都不是容易被打发的人，当天晚上，他到公司附近的派出所报案，请求警察调查他车子被撞的事。警察觉得这是他们公司的事情不太想插手，但还是表示，如果他坚持要报案，警察会进行调查，并要求他任职的公司提供地下停车场的监控录像。

又过了一两天，他的主管约他谈话，告诉他公司决定在他合同期满后不再续约，甚至希望他尽快离开，因为他"明显不适合公司"。

另外一个案例是，有一个朋友告诉我，他的直属主管伪造他的签名！他们公司规定，每一年完成绩效考核后，主管必须提供绩效考核的结果给员工，员工看完没问题后就在上面签名确认（如果觉得有问题可以提出申诉），人力资源部门必须将这份绩效考核结果送到上一层主管那里复核，再将复核结果告知员工。

但我的这位朋友迟迟没有看到自己的绩效考核结果，询问直属主管时得到的又是闪烁其词的回答，于是他找上HR。HR告诉他，他的绩效考核已经完成所有程序，并且归档。他非常生气，告诉

不要抱怨，抱怨只会暴露自己的无能；
不要过多流露自己的情绪，那样只会显得自己很幼稚。

HR，他没有看过自己的绩效考核结果，更不可能在上面签名确认，他要求 HR 将他的考核结果调出来。

负责绩效考核的同事向自己的主管请示过后，回复他："HR 的责任是确保每一份绩效考核上有员工签名，至于是不是员工本人亲签的，不是 HR 的职责。同时，已经归档的绩效考核只有主管可以调阅，员工本人不能。"

这真是太神奇了！人力资源部门为绩效考核制定了主管和员工都要签名的规则，虽然不敢说这样的规则可以确保绩效考核的公平性，但主管为员工打了分数，就必须面对员工对分数的质疑。结果当这项规则受到人为的挑战时，人力资源部门却选择躲起来不吭声。

还有一种情况。一位朋友问我：一般企业是怎样处理性骚扰案件的？怎样才能妥善处理性骚扰的申诉并符合公平正义的原则？

他们公司的某位男性主管被他的女性下属指控有性骚扰行为，因为那位男性主管与她谈话时，常常用"三字经"当作语气助词（或是说一些黄色笑话），让她不胜其扰。女下属提出申诉后，公司也着手进行调查。但在调查的过程中，公司让那位男主管继续在工作上领导那位女下属，男主管还向其他同事抱怨"自己只是开开玩笑，根本没有骚扰的意图"，很不幸的，其他同事（也包括一些女同事）均附和表示"是那个女同事自己反应过度"。

最后，调查结果还没有出炉，那位女下属就以"公司离家太远"为由提出离职，公司也因为当事人离职而决定搁置这件申诉案。女性受害人因为此事而离职，男性加害人则理所当然地没事。

告诉我这个故事的朋友说自己"对整件事的结果完全无法

找出你工作中最关键的部分，
尽可能地将你的精力放在那上面。

接受"。但因公司没有正式的人力资源部门，所以也不知道该怎样处理这一类问题才算合情、合理、合法。

## 如何处理员工的申诉，跟公司的企业文化有关

诸如此类的事情我也遇到过几次，当问题发生时，公司的高层主管气愤的居然不是有人做了不该做的事，而是有人让公司惹上了不必要的麻烦。

从人性的角度出发来看，这其实也无可厚非，俗话说"受人之托，忠人之事"，我们（包括 HR 和部门主管）在公司工作，领的是公司的薪水，最重要的工作当然是解决公司的问题而非员工的问题。所以防止公司形象受损，不让公司惹上麻烦是对的。

很多基层员工在情感上会觉得 HR 或部门主管是公司的代言人，但其实不是，他们和所有员工一样，都是受雇于公司。就像我在前面提到的，很多时候维持组织里的公平正义，不是 HR 或部门主管的工作目标。这一点很残酷，却是每个人都必须知道的事实。

当发生了诸如性骚扰之类的问题时，比较正规的公司会对加害者进行"强烈的道德劝说"，让他以后不要再犯，再不然，"请"加害者离职往往也是可行的选项。

但那些"官僚主义"或无法践行正确价值观的企业，有可能直接拿受害的员工开刀。这一类公司的 HR 或高层主管可能明知加害者有恶劣的行为，却还是睁一只眼闭一只眼，甚至助纣为虐，于是找一个理由逼退受害者就成了最简单的解决之道。

工作需要积累，关系需要培养。在你还没有大能耐的时候，踏踏实实地做好手头的工作最重要。

这是企业文化问题。公司的 HR 或部门主管如何处理员工的申诉，通常便体现出公司的价值观来。

有没有那种口口声声告诉员工诚信正直最重要，但发生问题时只想息事宁人的老板？当然有！只不过，你需要等到事情发生时才能发现。但也许不需要，很多时候你从公司的日常运作当中，就可以找到问题的答案。

## 实现职场的公平正义

有一些运作成熟的大企业，不仅仅在企业文化上追求公平正义，也会在制度上建立完善的机制。比如说，聘请外部的公正单位来处理员工的申诉事件。在我就职过的某家美资高科技公司里，公司设立了员工申诉的电子邮箱和电话，受理单位是总公司直接委托的某家法律事务所，公司从上到下没有任何人可以介入、影响员工申诉的调查。

如果不愿意花这个钱，只要公司内部公正对待，也可以有效降低员工对外检举、投诉的可能性。如果员工知道自己万一受到不公的对待，寻求公司内部的渠道就可以有效伸张正义，就不会每一次都去劳动局申诉了。

没有一家公司希望被员工申诉或控告。向劳动局或司法机关寻求帮助，通常是员工最后的选择。不是说职场中不存在公平正义，更不是说 HR 是黑白不分的坏人，当你做这最后的选择时，恐怕也要做好离开公司的心理准备。因为没有一个主管希望麾下有一位"会

工作首先要有目标，
为目标奋斗才有实现自我价值的可能。

向劳动局或法院投诉公司"的下属。

　　所以，如果你觉得公司还不错（只是主管有问题），值得你继续待下去，你应该考虑的是如何低调地解决问题或申请调转其他部门。唯有确认公司设有第三单位，会受理员工的申诉案件，你可以得到有效的保护和公平的裁决（两者缺一不可），你才应该通过公司内部渠道提出申诉，并希望公司替你解决问题。

## 在职场中,我可以有隐私权吗?
### 个人隐私和公司利益没有明确的界限

因为工作的缘故,总是会听闻各式各样和职场有关的故事。在进入主题前,先说几个有点"奇特"的故事。

有一位朋友最近去面试一份基层营销主管的工作,除了交谈工作内容和专业问题以外,面试的主管还问她:"你还未婚哦,那你有男朋友吗?"她突然觉得自己的隐私被冒犯了,但这毕竟是场面试,所以她回答说:"有一个交往了几年的男朋友。"没想到对方紧接着问:"那这两三年内有结婚的打算吗?"她当时有一点生气,于是问对方:"请问这和我能不能做好这份工作有关系吗?"面试官先是一愣,然后赶紧向她道歉,并将问题重新转回与专业有关的部分,但自此之后面谈的气氛变得很尴尬。最后她没有被录用。当然,没有人知道这是不是和她那天的回答有关。朋友和我讲了这个故事之后,问道:"为什么找份工作连祖宗八代都得让别人打听?"

但这样的事情经常发生。大约半年前,有位网友在我的博客上留言,提到的个人遭遇和以上情形类似。他去面试,对方却要求他从就读哪一所小学开始填写教育经历，一直到研究生毕业。他非常不解，因为他已经工作多年，学历不该占据那么重的分量，况且就算要写，写上最高学历和次高学历就够了吧。于是他问了接待他的HR，结果对方坚持要他填写所有的教育经历。为了找工作，不管高兴还是不高兴，也只好照实填写所有信息了。

第三个故事，也是朋友在求职过程中发生的。因为他的学历、经验都相当出色，所以很幸运地被台湾一家颇负盛名的企业录用了，但公司要求他在报到前必须去体检。其实不用体检他也知道自己患有开放性肺结核。医生说，只要遵照医嘱，按时吃药治疗，病情可以得到有效的控制，传染给他人的机会微乎其微。但他知道别人不一定这样想，万一处理得不好一定会给别人造成困扰。几经思考之后，他决定加入另外一家同样愿意录用他但不用去做体检的公司。

很多不认识我的朋友都在我的博客留言，说我是"专业又热心的人资主管"，每当听到这样的称赞，我都会开玩笑地回答："你真的认识我以后就不会这样觉得了。"

我之所以这样说，不是没有理由。

公司的HR最重要的工作是"解决公司的问题"，而不是"解决员工的问题"。所以如果你是某个职缺的求职者，当你去应聘的时候发现那家公司的HR从头到尾都没有给你好脸色时，请理解，他们的工作不是让你感觉宾至如归，而是想办法找出"哪些求职者可能会在将来给公司带来困扰"，然后排除掉那些人。同理，如果你是公司的员工，也许会觉得人力资源部门订了很多愚笨而且没有效率的规定，但请理解，他们的责任是为了预防那种"十年都不会发

职场处世智慧：不要在同事面前说别的同事，因为你们都是一根绳子上的蚂蚱；不要在上司面前诋毁同事，因为上司远比你聪明。

生一次，但发生一次就会把公司搞垮"的事情发生。如果你理解这一点，你就会明白大多数 HR 在工作时的思考逻辑了。

在企业里有一个棘手的问题被称为"个人隐私"。然而，到底哪些事情是员工的个人隐私哪些事情属于公司的利益，这其中的界限常常是模糊不清的。

每家公司在找员工的时候，都不希望找到一个短期内会离职的人，当面试官发现员工有可能会因为生活改变而离职时，心中的警报器就会响起来。所以，许多面试官会试着去探究求职者的隐私：家住哪里？怎么来公司的？结婚了吗？有小孩吗？老公在哪里工作？有没有去进修的打算等。而这林林总总的问题背后，公司真正想知道的是员工会不会因为任何无关工作的因素而在短期内离职。

我不是说公司这么做完全正确，尤其是在某些先进国家，这样的提问涉及就业歧视，根本就是违法的。但在台湾，雇主给了员工一份工作好像多么了不起一样，觉得自己可以干涉员工的兴趣、生活和家庭。

很多年前我去应聘一份工作，面试我的德国籍高层主管注意到我有过一段为时很短的工作经历，于是开口问我："咦，你有一份工作只干了几个月。"然后他停顿了一下修正他的说法，"喔，我只是好奇为什么你们会常常换工作，你是 HR，也许你愿意和我分享一下如何看待换工作这件事情。我完全没有要探究你的个人隐私的意思，如果你觉得不方便可以不说，我保证不会影响到你是否被录取。"对一个德国人来说，连一份工作为什么只干了几个月都不能随意被打听，但我们却常常把求职者与父母、兄弟、姐妹、子女之

> 职场人士必须让自己拥有不可替代的核心竞争力，要有一技之长，特长是价值的体现，是展现影响力的重要工具。

间的关系当作面试考题。也许是国情不同,我们的社会对于个人隐私似乎并不是那么尊重。

但我也要指出,就算面试官没有开口询问这些和隐私有关的问题,任何一位求职者只要在面试的过程中主动透露出自己将来可能会常常请假回家照顾小孩、因为健康状况请长假、因为配合先生(或太太)的工作而移居其他城市等,都会让公司的HR觉得雇用你会在未来给公司带来麻烦。所以,如果有其他人选的话,这位诚实的求职者得到录用的机会将是微乎其微。

而且这样的事情不仅发生在甄选过程中,也发生在职场的任何一个环节上。

我任职过的某家公司允许员工在上班时间使用MSN作为内部或对外沟通的工具。对管理者来说,MSN是一个喜忧参半的工具,很多时候,MSN提供了便捷、实时的沟通渠道,但更多时候却被员工拿来当作聊天的工具。另外一个理由是,MSN对信息安全有着一定程度的危害,员工可以轻易地通过MSN将工作上的信息(甚至机密)外泄给公司以外的人。

所以每隔一段时间,在主管会议上都会有人提议要禁止使用MSN,只是每次提议都没有通过。直到有一天,业界有一位研发工程师被他的前东家以商业间谍的名义控告,检调单位追查到我们公司来(因为那位工程师和我们公司的某位工程师常有MSN往来)。这下好了,信息安全的议题再次被提出来,公司最后采取了折衷的方案:可以继续使用MSN,但所有的对话记录将被系统监控,并且会不定期抽查对话内容。

要学会主动表现,对于自己可以把握的事情,一定要坚持自己的意见。

这样做会比全面禁用要好一点吗？我还真的无法回答。公司的立场是：如果你用MSN正大光明地谈论公事，这一点问题都没有；但如果你用MSN来闲聊或泄漏公司机密，那肯定不行。

隐私权在企业里到底代表什么？这真是一个有趣的问题。企业存在的目的是将本逐利，为了避免不必要的麻烦，公司一定会做一些管理和规范，但只要讲到管理和规范，势必会和员工的个人自由或隐私互相抵触。

我小时候听说过，某些公交车公司会在售票员上车前和下车后进行搜身，以免售票员私吞乘客支付的现金票款。我念大学的时候曾经去某KTV打工，那家KTV规定所有服务生收到小费都必须交回公司，然后由领班统一分配给全体服务生，所以，我们的制服上都没有口袋，没有任何地方可以私藏客人给的小费。

最彻底的做法，是员工完全没有自由和隐私，一切由资方掌控。这显然不可能发生在现在的社会中，但要雇主良心发现，主动重视员工的个人隐私，我认为同样不可能。企业的HR常常肩负起"避免公司遇到不必要的麻烦"这项使命。为了完成这项任务，HR会在法律允许的情况下，找出有可能危及公司安全的人，然后作出处置。在这个过程中，公司对员工隐私的窥探或是对员工自由的限制，恐怕不可避免。

很多年前，上下班打卡是非常普遍的现象，但现在大部分知识密集型企业都不这样做了。这是公司的良心发现吗？我想比较靠谱的说法是："许多高科技研发工程师不想去需要打卡的公司，而大部分高科技公司为了吸引人才，只好改变原来的游戏规则"。

> 看同事不顺眼，是自己的胸襟不够；看上级不顺眼，是自己的能力不够；看老板不顺眼，是自己的梦想不够。

所以我认为，要公司尊重员工的隐私，方法只有一个，那就是员工拒绝与不尊重隐私权的公司来往，但这是短期内很难改变的事实。除非整个社会对隐私权有了更先进的认知和保护，大家都认为在面试中窥探员工隐私是错的，才有可能改变这件事。

我曾经听日本的同事说，任何人如果把别人和自己交换的名片在未经对方同意的情况下转给他人，就可能违反个人数据保护法。我也听说过，美国大部分公司不会对已离职员工的工作表现发表意见，以免给自己带来麻烦。但这些在我们的社会环境里，似乎是遥不可及的。

几年前，某保险公司的业务员为了做我们公司的团体保险生意，周末打电话到我的私人手机里，我当时气坏了，觉得他严重干扰了我的生活。但随着职位越来越高，我发现我的个人生活和工作之间的界限越来越模糊，保持手机畅通似乎成了基本要求。总而言之，个人隐私和公司利益没有明确的界限。

Why should we hire you?

第 4 章

## 打造自己的品牌
### HR 教你职业生涯规划

只有知道自己要去哪儿,才知道该往哪儿走。优秀的简历无非具备三点:名校、名企、好业绩。是否毕业于名校已经无从改变,但至少,你还能从后两者中努力。当机会的公交车到来时,确保自己是离站台最近的人。

## 在职场上如何打造自己的品牌?
让自己的简历进入良性循环

你到一个陌生国家去旅游,口渴了想买一瓶饮料喝,你走到小贩面前,发现他贩卖着两种不同的饮料,一种是你从没听说过的饮料,售价 0.5 美元,另外一种是走遍世界各地都会看见的可口可乐,售价 1 美元。我猜大多数人会选择后者,因为你不知道前者到底是什么东西。至于后者,大部分人都知道可口可乐是什么味道,也对可口可乐的质量有一定的信任。

有一段时间我经常出差到国外。对我而言,商务出差最怕的就是水土不服,每当到了饭点,除非下榻的酒店或附近有符合我口味的餐厅,要不然我一律选择麦当劳。对我来说,麦当劳的食物无论在口味或卫生上都是让人比较放心的。

这是一个再简单不过的概念——品牌。品牌不能等同于"商标",后者是一种符号性的识别标记,而前者则涵盖了服务、产品、商誉、管理等内容,换句话说,品牌代表的是整体的竞争力。

这跟职业生涯有什么关系?

## 在人才市场上建立你的个人品牌

你在加入一家公司前,对这家公司几乎是一无所知的(你可能当过这家公司的客户,不过,享受过它的产品或服务,并不代表你了解它们的工作状况)。同样的道理,一家公司在录用你之前,大概也不知道你的工作能力、性格特质、优缺点等。

对 HR 来说,要在短短的面试中判断谁是适合的人选是很困难的,所以最保险的做法,就是录用那些出身名校或在知名企业工作过的人。我们都会猜测,那些有能力加入知名企业而且可以在里面工作一段时间的人,能力一定比较好;那些从名校毕业的学生,综合素质一定比较高。

你当然可以说这是一种偏见,但我想说的是,在企业里工作的 HR 如果错误录用一个人,是要承受很大压力的。你今天录用了一个名牌大学的毕业生,如果他表现不好,大家顶多会说:"唉,原来名牌大学也有这样的毕业生……"但是如果录用了一个三流大学的毕业生,结果他表现不好,你觉得该由谁负责?

同样,当公司面对两个条件差不多的求职者,一位在花旗银行担任过人力资源助理,两年工作经验,现在合同期满,出来找新的工作;另外一位在你听都没听过的公司里担任过人力资源专员,一样有两年工作经验,因为觉得原来的公司没有发展前景,想跳槽,如果你是人力资源主管,你会录用谁?

很多时候,也许求职者有能力胜任这份工作,性格特质也符合该公司的文化,但由于他不是毕业于名校或没有在知名企业工作过,

好好研读至少一本
关于职业规划的畅销书。

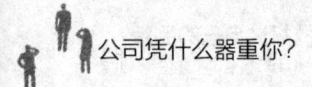

所以连面试的机会都没有。这就是求职者在人才市场中要面临的考验。回到最前面的故事，没有人说0.5美元的饮料不好喝或不卫生，但就是没有多少人愿意冒这个险。

## 如何开始良性循环？

每一个求职者都必须试着让自己的简历进入良性循环中：你在一家大众公认的好公司里工作过，大家都认为你是一个好员工，如果有更好的公司有合适的职缺时就会考虑你，然后你就有机会去更好的公司工作……这就是所谓的良性循环。

反过来想，大家也就明白恶性循环是什么了。

道理很简单，做起来很难。难的是怎么开始，让自己有机会进入良性循环中。

是否出身名校，对大多数人而言，已经是不可改变的事实，但是其他可以改变的地方，你可以下工夫去改变。

一瓶饮料虽然不是可口可乐，你也没听说过这个品牌，但它可以清楚地告诉你它的成分、产地、制造日期等，这比什么都更让人放心。

几年前有新闻指出，约20%的求职者连自我介绍都不写。你如果不愿意花一点心思把自我介绍写得吸引人一些，你又怎么能去责怪企业不给你面试的机会？

很多知名的本土或外资企业都把非核心的基层工作外包给人力派遣公司或设立临时职位，大部分没有工作经验的求职者都不太愿

选定一个职业前，
至少尝试过三件同类的事情。

意考虑这样的工作。大约六七年前，我的部门里有一个临时工职缺，前来应聘的人并不多，但我很快就从中选出一位各方面表现都相当优秀的求职者。他的学历并不出色，不是名校，不是 HR 专业，但他用了半年时间证明自己很好。在临时合同期满后正好有一个机会，于是他转任为正式员工。一直到现在，他都还在我的部门里工作。

所以，我建议年轻的朋友，如果你要加入一家知名公司，你必须打败很多同样杰出的求职者，如果你对自己不是那么有把握，也许在大公司里担任临时工会是不错的选择。

很多求职者没有意识到"在一家公司待上一段时间"的重要性，其实大部分的 HR 或用人主管都会避免录用稳定性不高的员工。当然，员工十之八九会对这样的说法表示抗议，因为员工离职，公司或主管往往也要负很大的责任。

然而，身为用人部门主管，也无从判断一个员工在短期内离职究竟是公司的责任还是员工的问题。至于在一家公司待多久才算合适，我想没有标准答案。不过大部分的公司都会遇到经济不景气的时候，没有人想找一个公司赚钱的时候就来、公司赔钱的时候就走的员工。

是的，可口可乐比较贵，也不见得特别好喝，可是大家还是会买，可见品牌对市场的重要性。不过，即使你不是知名品牌也不必因此悲观，毕竟还是会有人买老牌饮料，而每个月推出市场的新饮料也从来没有少过。重点在于，你有没有在人才市场上建立起自己的个人品牌？

也许现在你的个人品牌还没有价值，但请不要着急。这不是一

> 严肃地列个 5 年规划，
> 尽管这个规划未来可能会变。

件可以一蹴而就的事情，它是一条漫长的路，需要长期的累积。因而，漫无目的地找工作、随便地写简历、任性地离职等，都是对个人品牌的一种伤害，会让你付出惨痛的代价。

奔驰轿车稳坐市场宝座、可口可乐畅销全世界、苹果产品引领全球……都不是一朝一夕就有的成绩。同样，那些资深人士每天坐在办公室就有工作机会找上门来，也不是朝夕之间可以练就的。

作为一个正在找工作的求职者，如何花心思在简历上塑造个人品牌，才是最重要的。

# 如何避开职场上的"雷区"?
问对问题,快速了解公司文化和工作内容

多年前,我有一个朋友入职某出版社,上班第一天同事就问他:"你没有看到我们公司的新闻吗?你怎么会到我们公司来的?"结果他试用期还没过,公司就因为财务危机发不出薪水。

另一个故事是,我有一个同学顺利应聘上了某知名企业研发工程师一职,负责公司的一项产品开发计划。结果他报到当天,发现面试他的主管(原以为会是他的直属主管)在他报到前就离职了。更糟的是,他报到的第一周,竟是那位离职主管的主管任职的最后一周。后来这个部门经过了剧烈的人事动荡和变迁,产品开发计划一再延迟,两年后公司停掉这个开发方案,他被调到另一个部门去,再经过一两年的努力他才得到公司的重用。

我年轻的时候曾经去一家网络公司面试过,面试我的是人力资源主管,他中规中矩、四平八稳地和我谈完所有问题后就离开了,他走了以后,那位一起参与面试、将来有可能成为我同事的人第一句话就问我:"你怎么会想离开你们公司到这里来的?"

每个求职者都有可能在加入某家公司后，发现公司里的很多事情和面试时说的不一样。究竟，该怎么避开职场上的这些"雷区"？

## 面试时一定要把握机会问问题

面试是企业对求职者推销公司和说明工作内容的机会，反过来，也是求职者了解公司或工作内容的机会。

我面试求职者的习惯是，等所有事情都聊完以后，一定会问他："请问你有什么想问的吗？"

但很多求职者在被问到这个问题时左思右想了好一会，然后说："呃……都介绍得很清楚，我没有问题了。"

这是很可惜的。因为唯有通过发问，你才能更清楚地了解你即将加入的公司以及你准备接手的工作是什么状况，有没有哪些风险是你没有注意到的。除非对方没有打算让你发问，否则，在面试过程中一定要把握机会问问题。我最常问的问题是："如果我有幸加入贵公司，我应该做到哪些事会让您认为我的工作是胜任的？"

判断一家公司值不值得加入有几个关键因素：正在找人的这个职位主要做些什么？公司希望找到什么条件的人从事这个工作？直属主管是怎么看待这个职位的？

有一些工作看似光鲜亮丽，但其实可以发挥的空间很小；有时候公司似乎给了这个职位很大的空间，但用人部门根本就不确定该找什么样的人；有时候公司替这个职位规划了美好的工作前景，也希望找到优秀的人才出任，但直属主管狭小的胸怀注定了人才不可

失业，对我们的人生而言，是打断。
而打断是机会，正好可以停下思考，评估生命的走向。

能在这个职位上存活下来。如果在这个职位上有这一类现象，通常从用人部门主管对问题的回答中可以窥出一些端倪。就算没有"地雷"，这些问题也可以让你更加了解，你未来的主管希望你将来怎么和他合作。

"如果我加入贵公司，我第一个必须要完成的任务是什么？"你可以这样发问。

从你加入公司的第一天开始，公司里肯定有人对你有一些期望。尤其你的职位越高，这种期望就越大，也越严苛。

职场残酷且现实，如果你很快就进入工作状态，而且表现不俗，很多人会愿意和你交朋友并且拉你一把。但如果你走得跌跌撞撞，也不知道自己能不能通过试用期，就算生性友善的人也有可能选择暂时观望一段时间再说。

所以，你要在最短的时间内完成主管心目中最想完成的项目计划，才能让自己在公司里站稳脚。

"站在您的角度看，这个工作最大的挑战是什么？"你还可以这样问。

我有过一次经验，我辖下的人力资源经理面试一个基层员工，那位求职者问到了这个问题，经理坦白告诉对方："我们最大的挑战是，人力资源部门的最高主管非常难搞。"这是那位经理后来告诉我的。

如果你知道这个职位需要和其他部门的主管沟通协调、是一个全新的商业模式、必须在营运信息还不清楚的时候做出决定，不妨听听其他人的意见，说不定可以让你做出不一样的选择。

如果你打算跳槽，
请尽量去找那些看起来有趣或者很吸引你的职业。

"我方便知道前一个人离职的原因吗？"你还可以这样问。

我自己不会问，不过倒是常常在面试的时候被问到这个问题。如果这个岗位不是新增的，也不是因为前一个人升迁或轮调而空出来，那么求职者问这样的问题也无可厚非。如果面谈气氛好，提问的时间点也恰如其分，你确实有机会让面试官打开话匣子，和你分享一下前一位员工的离职原因。

对每一位求职者来说，找到一家对的公司和一份对的工作非常重要。只有在求职的过程中打开你的雷达，多方搜集信息并加以判断，才能避开职场上的"雷区"。

另外我自己的经验是，如果在应聘一份工作的过程中有让你觉得不对劲的地方，那往往就真的有一些问题。所以，遇到不知道该怎么决定的时候，相信自己的直觉，也不失为一个好对策。

# 我该接受派遣工作吗?
## 把派遣期当试用期,力求表现

如果你是刚走进社会不久的新鲜人,可能听说过"人力派遣"这个词,但也许没听过。

"人力派遣"是指在被派遣员工同意的情形之下,由雇用员工的事业单位(派遣事业单位,也就是我们熟知的人力派遣公司)指派员工至另外一家公司(要派事业单位)工作,并在要派事业单位的指挥监督之下提供劳务。但派遣员工和要派事业单位之间并无聘雇关系,而是由派遣事业单位和要派事业单位之间签订派遣契约。

这样讲可能有一点拗口,不妨举一个简单的例子,就是员工受雇于人力派遣公司 A,然后被派往 B 公司上班,他的工作地点在 B 公司,他的主管也是 B 公司的员工,而他也必须遵守 B 公司的工作制度。

如果 B 公司要雇用员工,而且员工必须在他们的监督指挥之下工作,那为什么员工需由人力派遣公司 A 雇用,然后再被派到 B 公司上班呢?

## 游走在法律灰色地带的人力派遣现状

台湾有一条规定:"劳动契约,分为定期契约及不定期契约。临时性、短期性、季节性及特定性工作的为定期契约;有继续性工作应为不定期契约。"从条文中可以看见一个很重要的观念:凡工作具有连续性质的,应为不定期契约。可想而知,公司的前台、电话营销、生产线作业员都不属于上述四种情况,理论上都不可以和员工签订定期契约。

但是,当B公司和A公司签订服务合约,议定未来一年由A公司来承担某职位的服务工作,A公司就必须找一位员工来从事这为期一年的工作,A公司也就取得了雇用定期契约员工来从事B公司这个工作的正当性(这其实是游走在法律的灰色地带,目前并没有任何法规来规范人力派遣的相关权利和义务)。

如果B公司不再和A公司合作,或是A公司不想再和员工续约,在契约期满后,A公司只要不和员工续约即可,不需要支付任何辞退金。

通过这样的运作,任何一家公司都可以将原本具有连续性质的工作委托给人力派遣公司,人力派遣公司再雇用定期契约员工来从事这项工作。可以想象得到,劳工在劳资双方中处于弱势地位,这就是派遣员工的现状。

许多关于派遣员工的研究都提及,企业使用派遣员工的优点,包括可以支付比正式员工更少的薪资、不必负担福利支出、减少人事成本、根据公司效益弹性运用人力、比短短的面试有更充裕的时

尽可能选择并且从事自己真正喜欢的工作,你会感觉像是完成了一个有趣的任务。

间来观察员工的表现是否符合公司要求等，而这些所谓企业使用派遣员工的"优点"，对派遣员工而言往往是非常糟糕的"缺点"。

我个人对于派遣员工的理解是，原本应该是"非典型雇用"的一种形态，目的是让企业能够更有效地运用人力资源，比如说，派遣事业单位可以雇用一些员工，依照不同公司的弹性需求，将员工派遣到甲公司工作一段时间，再转派到乙公司，然后转派到丙公司。但是到了中国台湾，派遣业务却变成了另外一种形式，有一些大企业自己成立人力派遣公司，然后将原本应该由公司长期雇用的正式员工，转由自己的派遣公司雇用，再派到母公司来工作，这样难免会让人猜测，这么做不就是为了节省人事成本和规避正式员工原本应有的福利吗？

## 企业的雇用考虑

既然派遣员工对企业来说有这么多好处，那为什么企业没有把所有的职务都转由派遣员工来担任，而只有一些比较基层的职位才会用？

答案显而易见，因为使用派遣员工有很多"缺点"。

事实上，企业使用派遣员工的时候，除了每个月的薪资以外，还必须支付劳保、健保、退休金等法定福利，派遣公司还要从中赚取一定比例的服务费。可以想象得到，如果企业使用派遣员工的主要考虑是基于"成本"因素，势必要压低原本就已经很低的派遣员工薪资，才有可能真的节省成本。再不然就是从员工福利下手，比

不要轻信"学了热门专业拿到大学毕业证就能找到理想工作"的说法。

如说，正式员工有 14 个月的保障薪水，而派遣员工没有保障年终奖金；正式员工可以享受年假而派遣员工没有；正式员工有员工旅游补助而派遣员工没有。

薪资或福利等工作条件存在差异时，公司还会期望派遣员工和正式员工有一样的企业向心力吗？几乎所有的研究都指出，派遣员工对企业的组织承诺、工作投入、满意度等，都比正式员工低。所以，跟这一切画上等号的，往往就是派遣员工的高流动率。

当一个职位的流动率居高不下的时候，可以猜到在这个工作岗位上几乎没有操作熟练的资深员工。因此，管理由派遣员工担任的职务，对某些公司而言是难度最高的一环。

使用派遣员工绝对不会只有好处而没有坏处，这好坏之间该怎么取舍，就看企业 HR 的评估和决定。收益好的时候，企业自然可以让派遣员工转正，或是给予派遣员工接近正式员工的福利；但是收益不好的时候，一切向成本看齐，压低派遣员工的就业保障或福利，似乎也就成为 HR 优先选择的解决之道。

至于求职者应该如何面对人才市场上越来越多的派遣工作机会，我的答案是：竞争不过就加入！

## 把派遣期当试用期

甄选人才一直是让 HR 头痛的问题，要在 30 分钟到 1 个小时的面试中评估一个求职者符不符合公司的要求，其实非常困难。因此，大多数公司设定了"试用期"。简单而言，就是在新人报到以后，

> 不要过于担心你的前任雇主会说你的坏话，大多数雇主不会这样做。

给予一段时间（通常是 3 个月）的观察，以确定这位员工适不适合在公司长久任职。

而现在，对派遣人力的使用，常常变成另一种形式的试用期。

为了改变派遣人员觉得工作没有前景的看法，同时也为了有效观察一个员工的工作表现，许多公司在内部有职缺产生的时候，都会优先考虑让表现优秀的派遣员工转正。

这样做劳资双方都有好处。对派遣员工而言，他们会对"转正"产生憧憬；对企业而言，派遣员工在一定程度上已经证明了自己的工作能力和态度，比起任用只经过面试程序的求职者，用人部门对转正派遣员工更有信心。

我听说某知名外资企业，对派遣人力的使用几乎达到了完美的地步。该公司内各后勤单位都有派遣员工，同时也有不成文规定：除非有特殊理由，否则公司的行政职务一律由派遣员工转任。换句话说，想到该公司担任 HR，你要先接受该公司人力资源部门的派遣职务，等到在派遣职务上有了卓越的表现，你才有机会成为正式员工。而且这不仅仅只限于人力资源管理职位，会计、财务、合约管理、客户服务等职位都是如此。

我还记得第一次造访这家公司的时候，朋友告诉我，他们的前台小姐是知名大学的毕业生。我吓了一大跳，接着他向我解释他们公司内许多后勤职务都是由前台小姐转任的，公司前后数任前台小姐都有着非常优秀的学历背景。我听后恍然大悟。

我自己的经验也是这样，我曾经有两位下属是由派遣员工转任的，他们的工作表现相当不错，现在已经成为优秀的 HR。

如果你已经失业一段时间，不妨为你的这段"长期休假"安排一场重要的私人旅行。

## 接受派遣，但不要拉长待业时间

如果经济形势好，大家都很容易找到正式工作，也许只有少数的求职者会接受派遣职务，这时 HR 想以派遣职务来代替试用期的愿望将很难实现。但如果经济形势不佳，大家都很难找到合适的工作机会，那就另当别论了。

常常有一些朋友告诉我："因为前景不好，我不打算接受派遣工作。"但就像前面提到的，现在的人才市场恐怕是买方主导一切，特别是那些不需要太多工作经验、对新人开放的职位，竞争真的是异常激烈。如果你没有让用人部门第一眼看到就想聘用你的能耐，那么很快就会被淹没在众多求职者中。

而一个很好的派遣职位将有可能弥补这些遗憾。

我们也许很难直接加入那些知名公司，像 IBM、惠普、花旗银行等，但要在这些公司找一个派遣职务，机会还是很多的。况且总有一些人不愿意从事派遣职务，如果你愿意去应聘，出线的机率将会很高。

前面提到，我曾经有下属是由派遣员工转任为正式的行政人员，然后再晋升为 HR。可以想象，如果当初是我们公司发布了一个 HR 的职位招聘信息，应聘者数以百计，其中不乏出类拔萃者，也许他连一个面试的机会都没有。所以，如果你愿意接受派遣公司的雇用，到那家公司担任前台，认真工作 3～5 年时间，也许有一天会成为正式的 HR。当然，这只是一个例子，并不是每一位派遣员工都有

千万不要先辞职，然后全心去寻找新的工作。
当你还拥有一份工作的时候，往往会更容易找到新工作。

这样的机会，但我认为这是一个值得考虑的职业规划。

每一个人求职的状况都有所不同，很难用一个原则来统一说明或解释，但如果你一直都很难找到工作，或是纠结于"每家公司都想要有经验的员工，那谁会给新人第一个工作机会"的问题，那么你应该认真考虑接受派遣职务。

我不是在合理化有些雇主"以派遣之名压榨员工"的做法，更不是想替政府的失业率问题解释什么，但对那些刚踏出校园或是没有工作的求职者来说，时间并不站在你这边。

如果你有一份正式的工作，我绝对不会鼓励你接受派遣职务，然后去博取加入知名企业的机会。但如果你连一份正式工作都没有，宁可拉长待业时间也不接受短期的派遣工作，这并不是明智的选择。

## 我想去海外工作，该怎么做？
### 主动出击才能找到合适的机会

也许是劳工薪资普遍较低的缘故吧，越来越多的人把到海外工作当作是职业生涯的选项之一。

举个例子，你听说过中国公司跑到国外去招人回来工作的吗？这种情况极少有对不对？同样，极少有国外公司跑来中国招人回去工作的。其中只有一种可能，就是当地符合条件的人才少之又少，企业只能从国外招聘。

这几年，新加坡政府招揽了许多一流的国际企业到本地设置据点，然后再由政府协助企业到邻近国家招聘专业人才。中国台湾的人才素质一向具有较强的国际竞争力，因此成为新加坡政府的标的。

今天，如果你想到海外工作，该怎么寻找机会？

### 直接到海外找

最简单的方法是直接到海外找。就像在中国一样，很多国家也都有热门的求职网站,你可以通过这些网站搜寻合适的工作机会。

领英(LinkedIn)是目前全球知名的职业社交网站,它是为寻找工作的人士量身定做。网站上有很多职位招聘信息,你可以在上面注册账号、填写并编辑自己的工作履历。我自己就是通过这个网站认识了一些其他国家当HR的伙伴,另外我身边也有朋友通过这个网站找到了海外的工作机会。

不过,任何一个国家都不太可能无限制地将工作机会开放给非本国国民,所以大部分国家会同意企业招聘一定比例的外籍专业人才,以弥补本国专业人才的不足,但可能不允许外籍人士在劳动力供给充足的基层领域任职。

这就代表了即使你能够在网络上找到一些海外工作的机会,但不代表一定会被录用。就像一个外国人主动投递简历来我们公司应聘,除非他是一个非常特殊的人才,否则极有可能遭到婉拒。另外,公司为这些外籍人士申请工作签证,也是很麻烦的一件事情。

## 找台商公司

通常在中国台湾雇聘人才到海外工作的,多半是台商公司。不管怎么说,基于相同的文化考虑,许多台商公司在重要职位招聘上,还是比较相信来自中国台湾的人才。

另外,许多台商公司在海外的名气不大,要找到优秀的人才比较困难。以我任职过的某高科技公司为例,在中国台湾,大多数人都听过它的名字,但到了日本就籍籍无名了。当地的人才都会选择

一定要带着尊严离开你现在的工作。
"甩手走人"听起来很潇洒,但不利于你的职业发展。

规模较大的重量级日资企业。这时,公司只有从中国台湾寻找人才,替他们办好签证让他们到海外工作。这也是一项比较务实的政策。

所以,如果你想到海外工作却一直不得其门而入,不如考虑那些在美国或日本设有据点的台资公司,也许会找到合适的机会。

## 如何表现才能获得升迁？
七分靠实力，二分靠人脉，一分靠表演

在公司工作过一段时间之后，茶余饭后也许我们都听过这样的话题："为什么这个人表现这么差还能获得晋升，是老板瞎了眼吗？""为什么我工作这么努力，老板没有看到？""我一直在等待机会，但公司从来没有告诉过我，什么时候才轮到我升职。"

公司到底是怎么决定升迁的？就我个人的经验而言，这是一个挺难回答的问题。

我在某些规模很大的企业工作过，在这些大公司里，升迁有一定的规范和流程。即使如此，那些流程最多也就是写在白纸黑字上的必要条件，你还是不知道怎么样才会得到提拔。而那些规模较小的企业就很难说了，根本没有什么规范和流程，主管觉得你行就行，不行就不行。

也许你从来不知道问题出在哪里，自己还需要往哪方面努力。在绝大多数企业里，升迁似乎是一个深不可测的话题，但也并非想象中那么复杂。

## 证明自己"有能力承担更大的责任"

我曾有机会近距离观察过很多主管处理升迁的情形。你必须知道,绝大多数主管和一般员工并没有什么不同,都是一样领公司的薪水、必须做好分内的工作。不同的是,基层员工只需要为自己的工作成果负责,主管则必须为整个部门的绩效负责。如果部门里常常有人建立重要战功,主管绝对会因此水涨船高;但如果部门里有人屡屡犯错,主管照样会被贴上"有问题"的标签。

所以每位部门主管都要问自己这个问题:我要升迁某人,就代表公司必须付出更多的薪资成本,这样做到底值不值得?

站在 HR 的角度考虑,职位等级和职责有关,比如说你现在是资深专员,如果想升迁为主任,职责应该有所不同。很多人对升迁的错误认知是,以为每天把自己分内的工作做好,经过一段时间的努力,就会升迁到更高的职位。这完全错误!要得到升迁,最重要的事情是,你得证明自己"有能力承担更大的责任"。

我曾经在一家外资企业就职过,公司的人力编制非常精简,员工的工作状态有"比正常下班时间晚一点下班"、"工作到很晚才下班"以及"不只工作到很晚才下班,节假日还要来加班"。但当我们远在欧洲的总公司来了一位好大喜功的总裁后,除了每天的例行工作之外,还有来自总公司的各项任务需要执行,于是几乎所有人对此都叫苦连天。

但日子还是要过,上级安排的工作还是要完成。我们这些当主管的当然跑不掉,至于基层员工,有人会主动参与这些项目,但有

> 频繁跳槽会使自己的简历黯然无光,
> 你的积累不能延续,你对企业的忠诚度会受到严重质疑。

人就觉得:"我又不会因此多领薪水,做好自己分内的工作就够了。"

一两年下来,不管总公司推动什么样的项目,老板信得过而且会指派参与的员工,永远都是那几个人。

参与总公司的项目往往是一件苦差事,除了确保每天的分内工作完成之外,还要付出额外的时间和精力来执行项目计划。于是,伴随着这些项目计划产生的往往是一大堆的加班任务,但从来加班不加薪。

当时公司的高层主管都是外国人,而且都是任期制,来台湾工作几年就被调到另外一个国家去。有时候,这些高层主管真的不在乎台湾的业务究竟好不好,他们更在乎他们在这里工作的几年间,台湾子公司给总公司留下了怎么样的印象。所以在公司里,参与过总公司的项目几乎是获得升任的必要条件。

这不是一个白纸黑字的标准,但在每一次的人事评议会上,当讨论到主管升迁时,高层主管几乎都会询问同样的问题:"某人参与过总公司的项目吗?"

我不是要替谁的恶行辩护,但职场的真实情况就是这样。连你买东西都希望挑到价廉物美的商品,主管当然也希望花最少的钱请到最有价值的员工。想晋升到更高的职位、领到更多的薪水,恐怕你得先让主管感觉到,你有意愿和能力承担更大的责任。

## 人望和绩效一样重要

有一次我问公司里所有主管:"请问你们在升迁一位员工时,

在 95% 的情况下,
你的本科学历约等于你的真实能力,而不是你的硕士学历。

会不会考虑他过去的业绩？"结果所有人都表示"会"。

担任主管和担任基层员工在很多地方是不一样的，工作内容不一样，能力要求也不一样。这就是为什么有一句话说："把业绩最好的业务人员升迁到主管的位置上，结果公司失去了一位最佳业务人员，同时还得到了一位烂主管。"

假如我们从外面招聘一位经理，我们会关心他过去的工作表现吗？不是不会，而是我们不能。我们很难得知求职者在之前的公司到底表现如何，就算知道了，参考价值也相当有限。所以只能在甄选过程中，确定这位求职者在专业或管理能力上是否符合需求，然后做出录用与否的决定。

企业给予员工升迁，其实还有一个很重要的用意是，鼓励其他没有得到升迁的员工以此为榜样。简而言之就是：如果得到升迁的员工是绩效最好的员工，那么其他同事就会效法他，努力提升自己的绩效。

如果升迁某个人，部门内大多数员工都觉得是众望所归，日后部门绩效和团队士气就比较容易维护。但如果招致半数以上的同事私下议论纷纷，问题就大了。所以在企业内升迁一个员工，比起从企业外寻找一个员工，有时候需要考虑更多。

## 在单位里外树立声誉

我曾经就职过的一家公司试着导入一套客户管理系统，但客户管理流程太复杂，程序开发商专业能力不足，在"穿着衣服改衣服"

查询工资的
网站：http://article.zhaopin.com/payquery/index.do

的情况下，前后历经数任总经理都没办法把系统推上线。结果这个项目从国际性的大项目，变成一个大家看笑话的烂摊子，每次出国开会都有人问："你们的客户管理系统现在进展如何？"

有一年，总公司宣布新总经理走马上任。在新总经理报到没多久，一位主任自动请缨接下这个项目。他放弃原来的职务，全身心投入到这个项目当中。当时很多人都为他的决定捏了一把汗，因为这个项目的成功率实在不算高。

过了两年，几经艰辛，整个系统终于顺利上线。接下这个项目的主任立即变成人人皆识的英雄人物，在几年内连升好几级，现在的他稳坐公司高层主管的位子。

要想获得升迁，先思考几个问题：哪些人在你的职业生涯中扮演着重要的角色？他们是否知道你是谁？对公司的高层主管来说，哪些工作是重要的，你是否参与其中？你一定有自己的专长，你现在的工作是不是在发挥着自己的专长？

## 在任何时候、任何场合，都不要抱怨公司

请理解一点：抱怨和建议是不一样的。我见过一些员工，工作表现很不错，但比较糟糕的地方是，常常跟其他同事一起抱怨公司。

主管也是普通人，不管他的胸怀多么宽广，当你发现了他的缺点，私底下给他建议是一回事，但和其他同事一起高谈阔论又是另一回事。没有主管希望自己辖下有一位喜欢在公开场合抱怨公司抱怨同事的下属，更别提对他的升迁了。

许多求职者和跳槽者进入一个机构的有效途径就是先从事短期工作，你可以搜索"威客""求职中介"等网站。

我在工作中遇到过不止一次，当部门主管提出要晋升某一位员工时，总经理疑虑重重："谁？是不是上回在员工大会中质疑公司策略的那个家伙？"

就算你的直属主管是一个宽宏大量的人，但如果你在公司给人的形象是个能力还不错但一肚子牢骚的员工，升迁你势必也要承担相当大的风险。

毛遂自荐的故事是这么告诉我们的：一个有才能的人活在世上，就好像将一把锥子放在口袋里，锥子很快就会穿破口袋显露出来，让其他人发现。那么，要怎么才能使锥子"显露出来，让其他人发现"呢？我想说，绩效不错、和直属主管保持良好的合作关系、在工作上积极主动、在公司内累积一些人脉、对公司的政策正面乐观，都会是让你得到升迁的必要条件。简而言之就是一句话：七分靠实力，二分靠人脉，一分靠表演。

## 如何抓住职场上的机会？
当"公交车"到来时，确保自己离站台最近

关于职场上的机会，很多人分享过各式各样的故事，而我最喜欢的是联强国际集团的总裁杜书伍先生说过的一个故事。

很多时候，职场上的机会就像等公交车一样，大多数情况下，我们到了公交车站，需要等候片刻，车子才会来，而其中最不能控制的是等候的时间，就算公车站牌告诉你每隔多久就有一班车开出，你仍然不会知道下一班车什么时候会到。有时候你的运气很好，等了三五分钟车就来了，可是更多时候，等了很久还是看不见公交车的踪影。不过不管公交车多久会来，不变的道理是：你一定要走到车站才能搭到车。有时候，你距离车站只有几米远，看见车来了，拔腿狂奔，正好可以赶上公交车。但有时候你跟车站的距离有20米远，就算用尽全力追赶，也许还是搭不上车。

杜书伍先生就是用了这么一个简单的比喻，提醒每个人最基本的赢家法则是"培养实力，等待机会"。机会就像公交车，它不会为还没准备好搭车的人停下来。大部分人都是累积了足够的实力，伺机而动；少数幸运儿则是实力一到，机会就来，或者实力本来未到，但是加把劲，及时赶上机会。不过如果实力太差，通常是搭不上公交车，或者是莽撞地跳上车，车一开动就跌了下来，遍体鳞伤。

最近遇到很多朋友询问关于"升迁"的事情。在发表我的看法之前，我想先分享一下我是怎么从普通员工成为主管的。

多年前，我在一家初创高科技公司担任培训专员，因为我出身新竹科学园区那些大规模的高科技制造公司，所以有机会认识很多HR。虽然名义上我是培训专员，但其实我做了很多跟人力资源相关的工作，包括公司的绩效制度管理、工作规则制定、招聘甄选人才等。总之，通过我认识的同行，我为公司引进了很多上市公司的人力资源制度，替公司打下了很好的人力资源基础。

我当时的主管是一个对下属很好的人，给了我很大的发挥空间，也替我争取了很多的资源，可是他的想法和做法都比较保守，我因此也和他有意见不合的时候。举例说，他一直坚持公司里只有他可以处理薪资一事，所有求职者都必须经过他的面试才能决定薪资，因此，当他比较忙碌的时候，招聘流程会拉得很长。又比如说，他在很多场合都有意无意地提到过"万一有一天我生病了，公司就发不了薪水"。可是总经理最看不惯这一点，公司怎么会因为任何人发生了一点事情就停止运作呢？总而言之，当越来越多这一类事情发生，再加上公司的规模越来越大，总经理决定成立一个幕僚部门，为他提供各个领域的专业意见。与此同时，总经理决定把我调去担任他的幕僚，为他提供在人力资源领域的专业意见。

那时的我年轻气盛，偶尔会和我之前的主管作对。有一次，我

不要为了钱而跳槽，职业的发展、
自己的提升、生活的状态是更加重要的考虑因素。

们在招聘上发生了较严重的问题，接连几个求职者在被我们录用后都不来报到，于是我跟总经理建议进行一个面试满意度的调查，在每一次面试结束后，请求职者填写一份简单问卷，询问他对本次面试的满意程度。这种做法其实可以提高求职者的满意度（因为他认为自己受到重视），可是人力资源部门很明显感觉自己受到了挑战，尤其当这个质疑来自于人力资源主管以前的下属。

总之，我们之间的冲突越演越烈，人力资源主管不愿意放弃他所拥有的权力，而我则通过总经理幕僚的身份不断对他发出挑战。最后，在其他部门主管对我的力挺下，总经理和人力资源主管恳谈，希望他可以改变他的做事态度。很遗憾，他并不接受总经理的建议，于是我在一夕之间成为人力资源主管，当时的职称是"人力资源部代经理"。

那一年我还不到30岁，"干掉"了招我进那家公司的主管，坐上了上市公司人资主管的位子。可是，从此以后就天下太平了吗？没有。在我成为主管前，我从来不曾处理过薪资管理的工作，也不可能从前面那位人资主管那里得到培训，我所拥有的，只是一些从来不曾践行过的想法。于是我自己买书来看，或者到外面上课。

那段时间，我每天都是从上午9：00忙到晚上10：00甚至是11：00，周末还得去公司加班。那时的我根本不好意思替自己争取什么，只好继续领资深专员的薪水（后来才知道，我所领的薪水只有原来的主管的一半左右），做资深专员的工作加人资主管的工作。我一直安慰自己一切都很值得。可是在拥有几百名员工的高科技公司，光是招聘就足以把人累得人仰马翻，根本就没更多的时间和精

核心竞争力五个必要条件：
稀有、可用、难以模仿、耐用、不可替代。

力去改善公司的各项制度。有人认为我应该加强研发人员的培训，有人认为我可以提高员工的薪资水平……每一个期待都变成我的首要任务。还有我与原来同事的关系，和我比较熟的人认为我一定拿到了足够高的薪水和股份，理应承担更大的责任；和我不熟的人则认为我通过政治斗争击垮了前主管，此后对我敬而远之。

有好几次，我的压力大到只要一想到工作就紧张得两只手直发抖，而这样的状态持续了好长一段时间。一直到了第二年绩效考核，我才正式获得"主管"的头衔。可是头衔对于改善我的困境毫无帮助，又过了半年，我离开了那家公司。

这就是我的故事。对我来说，这是一段很特别的经历，它让我看清了人性。

我认识一位业界的人力资源主管，他花了近20年的时间，从一个行政助理升迁到人力资源经理。我听他说过他的第一份工作，工作内容包括替老板擦皮鞋，但他从来不觉得有什么不妥。他不断积累专业知识，替公司引进更好的人力资源管理制度，取得团队对他的长久信任。十多年来，他一直任职于同一家公司，而且也一直受到老板的重用。

我常常遇到一些年轻人，他们对于在公司内迟迟没有得到升迁而感到失望。可如果你问他们愿不愿意无偿地承担更多的责任时，他们的答案却是"我只是个专员，哪能做这么多事情？"我想说，除非你像当年的我一样幸运，遇到一位愿意给你机会犯错的老板，要不然光是把专员的工作做好，永远不会让你变成主管。如果你不愿意付出更多，就代表了你只愿意领专员的薪水做专员的工作。对

千万不要过于情绪化。当有人批评你的工作表现时，并不意味着他在贬低你的人品。

很多老板来说，领一份薪水并做好分内的工作是理所当然的事情，既然理所当然，你怎么能期望自己因此得到升迁？

除非公交车停驶了，否则你知道，公交车迟早会来。问题是，当公交车来的时候，你是不是那个离站台最近的人？如果不是，你愿意付出多少代价，让自己离站台更近一些？

## 升职后,该用什么方式对待下属?
### 信任是管理的基础

这是发生在我第一次当主管时的事情。

我之所以被提拔为主管,主要是因为我工作表现还不错。公司里几乎所有的主管都会对新上任的人资主管有一些期待,有人认为要立即调整公司的薪资结构,有人认为应该改革公司的绩效考核制度,有人认为应该加强公司的培训,有人认为要提升公司的招聘效率。而我,也认为自己可以为公司的人力资源部门带来新的政策和措施。

新官上任三把火。第一周,我找来我曾经的同事现在的下属开了一个会议,告诉他们我对人力资源部门的改革措施和愿景。我把部门内每个人的工作都进行了一些调整,希望大家可以接触到新领域,学习新的知识和技能。最后,我规定每两个星期开一次会议,以便监督每项工作的进度。

我把每项改革都列为一个项目,并且为每一个项目都制订了时间表,希望可以在最短的时间内交出骄人的成绩。结果,我部门里的人力严重短缺，很多工作必须拜托其他部门给予支持，至于无法如期完成的工作则由我一个人包揽。从星期一到星期五，我都是从早上9：00工作到晚上10：00，周末除了星期天上午去教堂做礼拜，其他时间都要到公司加班。

与此同时，我几乎也是用同样的标准要求我的下属。随着加班越来越频繁，我的脾气也越来越坏，我开始对下属的一点小错误咆哮，比如说，他们写得不好的文件会被我重重地丢回面前去，提问不当的下属会遭到我无情的白眼。有其他部门的主管提出异议，但我依然坚持自己的标准，因为我觉得，既然我是用如此高的标准要求自己，那么我的下属也理应接受这么严格的考验。

我当时任职的公司盈利非常好，我记得某一年年终分红，我想都没想就让公司将我的红利转拨一部分给我的下属。我以为这样做可以激励员工，也以为大家会觉得我是一个好主管，愿意更努力地工作。

但故事并没有想象中那么美好。我的几位下属认为我"换了位子就换了脑袋"，纷纷申请调到其他部门。新同事则没有那么自由，他们毕竟是我招进来的，再怎么不高兴也只好默默忍受。

身为一名主管，当你辖下的每一位员工都打算离开这个部门甚至公司时，大概没有任何一位总经理能够忍受。所以，当部门内差不多所有员工都换过一轮时，总经理终于出面和我恳谈。说真的，我那时非常不服气，因为我工作比谁都认真，不仅从来不曾耽搁任何一个项目或任务，而且每一项工作都取得了不错的成绩，公司到底还期望我做些什么？

进入一家新公司之后，千万不要批评以前的公司，而是要尽量与以前的公司保持良好的关系。

所以，那一次的恳谈没有结果。大约过了半年，我离开那家公司。

《论语·子张篇第十九》说："君子信而后劳其民；未信，则以为厉己也，信而后谏；未信，则以为谤己也。"翻成白话文的意思是："士大夫应该先取得百姓的信任后再去指使他们劳动，否则百姓会认为自己被虐待了；士大夫应该先取得国君的信任，然后再去劝谏他，否则国君会认为你在诽谤他。"短短两句话就说清楚了管理阶层跟上下层相处的关键，可惜我年轻时没有牢记这段话。

多年后，我升迁为高层主管，辖下有资深员工也有基层主管，也经常处理其他部门发生的管理问题。我发现许多基层主管所犯的错误都差不多：没有先和下属或上司建立信任关系就大刀阔斧地整顿部门，结果发生问题的时候，既不能获得下属的理解，也无法取得老板的支持，自己陷入进退两难的境地。

不管你信不信，职场上千奇百怪的管理问题每天都在发生。

有一次，公司完成了一个高难度的项目，老板给了项目负责人一笔费用，让他带项目成员去庆功。结果他们选了一家开不了发票的餐厅，庆功完毕后他们凑了一些其他发票来报销，后来老板核账时发现不是餐饮发票，但又不好意思直接去问项目负责人，而是私下问了一位项目成员他们到底有没有去庆功。后来这件事传到那位项目负责人的耳里，他非常生气地说："有问题就直接来找我，何必拐弯抹角地刺探情报？"

另外一次，有人向我抱怨他们的主管对女员工有性骚扰的嫌疑，我听了非常惊讶。深入了解后，才发现是那位男主管偶尔会伸手拍一下女同事的肩膀，给予工作上的鼓励。但显然几位女同事并不领

> 职业生涯就像一场漫长的马拉松赛事，先跑的人未必能赢，后跑的也未必会输，能坚持到最后的才是真正的赢家。

情，我只好私下请那位男性主管停止这样的行为。

还有一次，一位员工打算离职，因为我们同为公司某社团的成员，所以我请他吃饭聊一聊。他表示自己常常被主管安排去做一些不是自己分内的工作，觉得颇为不平。不久后我和他的主管一起出差，在候机楼我们谈到他，那位主管表示非常遗憾，他一直认为那位员工是部门的明日之星，之所以长期以来让他多处理一些其他工作，是希望他对整个部门有更全面的认识。

这样的例子我还可以举出很多来。有些事情，你信得过的人这样做，你毫不在乎；你信不过的人这样做，你认为他别有用心。有些稍显尖刻的话，你信得过的人说，你觉得无伤大雅；你信不过的人说，你认为他狗嘴吐不出象牙。有些错误的决定，你信得过的人做出来，你认为他只是一时疏忽；你信不过的人做出来，你认为他在能力和经验上都大有问题。所以，要判断一件事情是对是错，天时、地利、人和的因素缺一不可。

我常常用银行存款来比喻主管和下属之间的关系：平时存够了钱，偶尔提取一笔是没有问题的；但如果平时没什么积蓄，需要用钱时就未免捉襟见肘了。

# 工作多年后想转行，可行吗？
## 善用过去的经验，你也可以在新领域脱颖而出

有人告诉我，工作了一段时间后发现那份工作不是自己感兴趣的，想离职、转行。这种情况很普遍，也无可厚非。不过有一些事情，需要事先想清楚。

我和一些想要转行的朋友深入聊过，发现很多人只是打算换一个行业重新开始，却不知道自己想要干哪一行。

最常听到的是，有人干了几年业务后打算改行当HR，有人当了几年老师后打算去私企工作，有人从事几年研发工作后想改行做营销……如果你深入问这些朋友，你会发现，他们对人力资源管理、私企、营销的工作了解不多。

每当我听到这些说法总是想：你怎么确定改行以后，这就是你的兴趣所在？与其说他们想找到自己的兴趣所在，不如说是想逃离一份自己没有兴趣的工作。

不妨假设一下，你从事业务工作很多年了，觉得不是自己的兴趣所在，想改行当HR。但如果公司决定将你的薪资加倍，或是提拔你为部门主管，你还想转行当 HR 吗？

当然有一些人是工作了几年以后才找到自己的人生方向，但更多时候，所谓的兴趣不合，不过是很多人"做不好现在的工作"的推卸之词。

据说现在报考公务员变成了广泛现象。我绝对相信这当中许多人是有理想和热情为社会做贡献，但众所周知的现状是：只要经济形势变差，报考公务员的人数就会增加。所以，你觉得那些因为经济形势变差就去报考公务员的人，是发现了自己的兴趣是当公务员，还是想捧一个"铁饭碗"？

什么是兴趣不合？当你拿这个当转行的理由时，你真的想清楚了吗？

## 过去累积的资产将会打折

假设你今年 35 岁，想改行卖炸鸡排，那么你至少应该学会怎么炸鸡排；如果你想改行当医师，可能需要重新考医学系、从头开始念大学，然后从实习医师做起。你过去累积的资产，无论是工作经验、人脉、技巧都不可能 100% 带到新领域中，你势必要放弃一些东西。我的意思是，你过去三五年甚至更长时间的工作资历，在新的领域恐怕会大打折扣。

因为工作的关系，我经常遇到在其他行业干了若干年想转行当 HR 的人。我问他为什么觉得自己可以当 HR，答案常常是"因为当过主管面试过人"或"因为喜欢和人相处"。我想说的是，如果你

职场沟通是一门永恒的学问，
学会在沟通中当一名好听众。

当过 3 年主管就觉得自己可以和当过 3 年 HR 的人在专业上相提并论，你未免太小瞧我们这一行了。

很多在大公司里从事人力资源管理工作的人，一个月要面试超过 20 位求职者，这常常是一位用人部门主管半年或一年时间面试的人数。对专业的 HR 来说，你过去 5 年的工作资历，也许比不上他们两年的工作经验。他们每天上班处理的都是人的问题，你大部分时间都在冲刺业绩、追赶进度，偶尔才处理一下下属的入职、离职或升迁，你就敢说你对人力资源管理工作的了解不输他们？

当 HR 如此，其他领域也不例外。任何人想要转行，面对的问题都是：你过去累积的资产将会大打折扣。

## 找对领域，过去的经验就是你的优势

然而，是不是一定没有机会转行？当然不是！只是需要做出多方的思考和努力。

某些领域的工作，对专业以外的要求比较宽松，比如说医师、律师、会计师这一类职务，需要证书来证明自己的专业性，一般情况下不会有人过问年龄或毕业院校。另外像律师或心理师的工作，如果你之前有过其他的人生历练，说不定还会为你的专业工作加分。

再比如业务人员，销售能力和人际交往技巧是赖以生存的资本，大多数业务主管也愿意给半路出家的人机会。如果你打算转行，这个可能是比较容易切入的领域。

而且，找任何工作都一样，一定要有自己的优点才可能在竞争

选择好公司还是好上司？
杰克·韦尔奇的答案是：一定要选在好公司工作！

中胜出。你要怎么获得转行后的工作机会，和你拿出什么优势和别人竞争有绝对关系。比如说，你过去在医疗行业担任业务人员，现在想转行当 HR，如果去医疗用品公司应聘，机会会大一些，因为你懂得产业特性，但如果到半导体公司应聘，明显就没什么优势了。

再者，你是和很多人在竞争一个职位，如果优势不明显，却想去知名企业应聘，条件比你好的大有人在，自然没什么胜算。很多年前我去一家知名的外资高科技公司应聘人资主管，面试到最后一关，总经理问我："你是三个应聘者中唯一不是留美名校的毕业生，能不能说一下，我们为什么要选择你？"所以，如果你愿意稍稍降低标准，到一些小公司应聘，也许会找到合适自己的工作机会。

每个人从二十几岁踏入社会，到六十五岁退休，职业生涯就像一场漫长的马拉松赛事。先跑的人不一定就能赢，后跑的人也未必会输，但跑了一段路以后又回到起点重新开始的人肯定比别人辛苦。这是你转行前一定要想清楚的。

# 如果我被公司辞退了,该怎么办?
了解你的权利与义务,然后站起来,继续前进

当 HR 这么多年,从我手上接过"非自愿性离职证明"的员工不在少数,理由各式各样:公司经营不善、员工绩效不佳、与主管不和、诚信有问题、因为政策调整等。

## 公司凭什么辞退员工

我刚开始当 HR 时,就协助公司关闭了一座工厂,裁掉数百名员工。那时我只是负责培训工作,之所以会被派去协助裁员,是因为我长得人高马大,主管认为万一当场发生冲突,比起部门内的女生,我更能保护自己。记得那天下班回到家,我深刻地感受到:不赚钱的企业真是罪大恶极!

但后来发现,赚钱的企业想要永远获利,不赚钱的企业需要存活下来,裁掉部分员工几乎成为企业不得已而为之的解决之道。所以,如果有一天,自己也遭到企业的辞退,该怎么办?用不着惊慌,先看看相关法律怎么说。

只要符合法律规定关于辞退的内容，公司都可以辞退员工。否则员工可以向有关部门投诉，公司就会惹上麻烦。

有时候，公司并没有明确的证据说明员工是基于哪一点被辞退，所以公司和员工之间会"合意终止雇聘关系"。即公司想请员工离开，同时不想把事情闹大，于是和员工商议，请员工自己提出离职申请，公司会给员工一笔补偿金。

可以想象，劳资双方到了这种地步，员工也知道自己再在公司待下去也不会有什么好处，还不如领一笔补偿金离开。补偿的金额，通常会依照辞退金的方式计算，甚至优于辞退金。

回过头来说，当公司要辞退你的时候，你第一要弄清楚的是：因为什么原因？如果公司因为歇业、转让、亏损、业务紧缩、不可抗力暂停工作在一个月以上，都不会无迹可寻，通常也不会只有你一个人。但如果只有你一个人，除非公司的规模很小，否则几乎可以断定这是"乱按罪名"。

如果公司的辞退理由是"无适当工作可供安置"或"对工作不能胜任"，那就复杂多了。如何定义"无适当工作可供安置"？又该怎么确定一个员工"对工作不能胜任"？说穿了，很多时候不过就是主管不想要这个员工罢了。

我第一次经手辞退员工的情况是这样的。公司的业务助理在收到客户的订金后，居然没有把订单录入计算机系统中，生产部门也因此不知道要制造这批产品，以至于到了交货日客户拿不到货。最让主管忍无可忍的是，那位助理犯同样的错误已经好几次，于是决

定辞退她。当我和那位助理沟通相关的权利义务时,她气呼呼地说:"我当然知道自己做错了事情,但不知道这样会被炒掉!"

后来我还遇到过这样的情况。一位在公司任职多年的主任跑去暗示自己的直属主管说:"我的同学在别的公司都已经当经理了。"主管当然不愿意让下属不开心,于是给了他一个经理头衔。来年新总经理上任,在公司精简人员的策略下,那些辖下没有员工的经理几乎悉数沦为被"开铡"的对象。

很多时候,所谓的管理问题都是主管的责任。如果主管能一直尽职尽责,这一类问题通常可以避免。但主管不愿意当坏人,当员工有问题的时候不敢直言:"你的工作表现并不足以让你领到现在的薪水。"或说:"如果你不改变你的工作态度,3个月后我们将考虑是否辞退你。"等到人力资源部门介入,辞退通常变成唯一的解决之道。这时主管和员工之间各执己见,错愕和难堪在所难免。

## 被公司辞退,会影响到将来找工作吗?

不管公司是基于什么样的理由辞退你,你应该先想一下还有没有商量的余地。比如说公司以"对工作不能胜任"的理由辞退你,就代表公司将会在你的离职证明上盖上"不适任"的章,这时你可以问公司:"我可以选择放弃辞退金,申请自动离职吗?"

你大概不知道,公司辞退员工必须向主管机关报备,有时候如果人数较多,会引起主管机关的关注。如果你主动提出离职申请,不仅不用通过繁琐的行政程序,还会让公司省下一笔钱,很多时候

当发现你现在的工作和职业生涯规划不一致时,你就应该考虑离开了。

公司都乐于接受这个提议。当然，前提是你的经济状况良好，而且你觉得自己要找到其他工作并不难。

如果你问我，被公司辞退会不会影响将来找工作？我的答案是："很难说。"很多知名企业都发生过大规模裁员的事情，所以被辞退算不上什么难以启齿的事。会不会有用人单位戴着有色眼镜去看那些被辞退的求职者呢？答案是肯定的,尤其当你被辞退的理由是"对于所担任的工作不能胜任"时。这也是为什么有些人宁可放弃辞退金，也不想留下被辞退的纪录的原因。

## 了解你的权利与义务

接下来必须要确认你自己的权利和义务：你最后一个工作日是哪一天？辞退金怎么计算？没休完的假怎么处理？其他的福利项目呢？我建议你就这些事情心平气和地和 HR 协商好。

我的经验是，如果是你一个人因故被辞退，这些问题都有机会通过协商得到解决，甚至可以争取到更好的条件。但如果公司是因为长期亏损或其他客观因素一下子裁掉大批员工，就很难为了某一个人而改变什么。另外，你最终拿到的离职证明上会写些什么？依法被辞退的员工，会得到"非自愿性离职证明"。非自愿离职的人，辞退金在一定金额内是免税的，也只有非自愿离职的人，才能向有关机关申请失业保险。

有些公司在员工被辞退时，会友善地同时提供自愿和非自愿性离职证明。员工可以用非自愿性离职证明去申请失业保险，找到工

先搞清楚自己想要什么、想达成什么目标，
你才知道怎么面对职业生涯中的每一个选择。

作的时候则可以递交自愿离职证明,从而让新东家知道自己不是被辞退。还有,你需要确认一下什么时候可以拿到相关的证明文件。举例说,某部门主管想要辞退员工,但没有依照标准的程序办事,只是告诉员工:"工作干到今天就好,一周内公司会将相关的文件寄给你。"结果三五天过去,员工还没有收到这些文件,认为公司不会给他发放辞退金,左思右想之后,觉得处境对自己不利,于是向劳动局提出申诉,最终把公司搞得人仰马翻。

所以,离职的时候礼貌地和公司交接好相关工作是非常必要的。重点不在于你的工作有没有人接手,而是不希望后来人把错误都赖到你身上,说你给公司留下了一个烂摊子。

### 拍拍身上的灰尘,继续前进

被辞退后不管心情如何,请不要对公司恶言相向,也不要寻求其他同事的支持。我遇到过一位主管,他在被辞退时的行为表现让我印象深刻。那一天是总经理亲自告诉他被辞退了,紧接着我请他到我办公室签署相关文件,并确认相关权利义务。我记得他在办完所有手续后到每一位主管的办公室里,和他们一一握手,为自己不能对公司再作贡献表达歉意,并谢谢大家一直以来对他的支持。我相信,他在公司表现不理想有一部分是我们的责任,也相信他在面对挫折时的成熟会让他东山再起。

最后,我想告诉大家:在办妥所有手续、理清所有问题后,赶快站起来,拍拍身上的灰尘,继续前进。

> 为什么主管看起来很闲,却可以坐领高薪?
> 主管往往承受着许多我们意想不到的压力。

一个员工被辞退，很多时候不只是员工自己的问题，公司的管理风格往往也是问题的所在。每一个人的职业生涯都很长，那些跑得快的人未必能成功，但那些始终没有放弃过的人一定会成功！

## 我应该离职吗？
### 知道自己要去哪儿，才知道该往哪儿走

因为工作的缘故，常常有许多朋友问我关于"离职"的问题。

我先说清楚，要对一个人的职业生涯提出建言，必须具备渊博的背景知识。如果你问我你该不该离职去进修，我的看法取决于以下几个因素：

你原来的学历是什么？

你的专业是什么？

你的工作内容是什么？

你年龄多大？

你的工龄有多长？

你去进修的理由是什么？

以上每一个问题的答案，都可能左右我对你"该不该去进修"的回答。

我在年纪尚轻的时候已经是某知名外企的人力资源主管，有一段时间，经常有长辈向我表达他们希望自己的子女未来也可以走人力资源这条路，问我能不能分享一下工作经验。其实，他们不知道，在外企当人资主管的日子是我职业生涯中最不快乐的一段时间。

所以，如果你不知道别人遇到了什么问题，如何给他建议？如果别人不知道你遇到了什么问题，又怎么会觉得你的建议有帮助？

## 你是否美化了即将要去的公司？

每个人离职的原因都很复杂，比如说同事难相处、老板对待下属恶劣、薪资低得不合理、工作量大得不像话等。不过，我常常觉得，很多离职的人都美化了即将要去的公司，也丑化了打算要离开的公司，其实这很不明智。

很多年前，我打算离开任职的公司，在答应总经理找一位人资主管来接替的同时，自己也在找工作。结果发现，好几家我想去的公司的人资主管都投简历到我们这边来。如果你是想摆脱某些你不能忍受的事情离职，你会发现，到了新公司问题一样存在。

也有人告诉我，他在现在的工作岗位上没有发展空间。其实这种问题有点复杂，所谓没有发展空间，究竟是学不到东西还是没有升迁机会？

我曾经加入一家外资企业担任人资主管，在我报到的第一天，一位前辈跟我说："你很幸运，年纪轻轻就加入一家可以养老的公司。"后来我才明白他的意思，这家公司的营收很稳定，获利也不错，

工作不是生活的全部，
但工作可以改变你和你的生活。

但市场已经接近饱和，没有太大突破的空间。我的工作也很简单，每个月发放薪水，偶尔处理一下离职、招聘的事情，按时向总部上交各种人力资源资料，每年进行一次绩效考核并据此发放年终奖金。

一边领着优厚的薪资福利，一边干着悠闲的工作，真的没什么好挑剔的。但如果5年之后，我想离开这家公司，以我的资历，我可以找到其他更好的工作吗？想清楚这一点后，我明白过来，这不是一家可以让我工作到退休的公司。

过了几年，当我做出离职决定时，所有人都讶异于我居然要放弃优厚的薪资福利与知名企业的主管头衔。但我知道，我才35岁，要做到退休还需要30年，我不能待在这家公司让自己逐渐失去竞争力。

在这之前，我曾在一家高科技公司担任基层主管。后来觉得自己遇到了瓶颈，迟迟没有得到升迁，于是开始四处投简历另谋出路。我不止一次告诉自己："等我在知名企业找到工作，你们就会后悔错失人才了！"多年后的今天，回想起这一段经历，我觉得如果我是知名企业的人资主管，也不会录用当年的自己。

我还记得自己趾高气扬地不愿意碰那些我认为档次低的工作机会，后来却发现，我想去的公司都不愿意给我机会。多年后回过头来看才明白，当时的我没有得到升迁，恐怕是因为我还没有资格当一名人力资源经理吧。

一个人在职业生涯发展中能否获得升迁，其实是天时地利人和的事情。你可以为了各式各样的理由离职，但万一离职后没有找到更好的发展机会，该怎么办？

成功的职业人必须具备的四要素：
知识、常识、见识、胆识，缺一不可。

## 清楚自己要往哪里走，才知道该怎么走

一个人从踏入职场到退休，必须工作几十年。一时找到好工作不见得从此就一帆风顺，先获得升迁也未必就是平步青云。同样，因为眼前的不顺遂而离职未必是正确的决定。

有些人在现在的岗位上工作了几年一直没有得到升迁，难免会想：如果我去念个研究生回来，会不会更容易获得晋升？是否应该趁年轻，跳槽到更好的公司去？

也许在职场中经历了沉浮之后，你才会发现，其实早一点或晚一点获得升迁根本没有关系，重要的是在哪家公司当主管。你跳槽去差的公司当主管，还不如在原来的公司耐心等待，也许几年后取得的成绩更佳。

如果你心里一直纠结于"到底要不要离职"的问题，那就表示你的职业生涯走到了岔路口，现在你要决定该往哪里走，这和你要走到哪里去有很大的关系。

我很喜欢电影《爱丽丝梦游仙境》里的一个片段：

> 爱丽丝在森林里迷失方向，遇到了笑笑猫。
> 她问笑笑猫："可以告诉我，我该走哪条路吗？"
> 笑笑猫回答爱丽丝："这得看你想往哪里去。"
> "我并不太在乎该往哪里去。"爱丽丝说。
> 笑笑猫说："那么，你选哪一条路都是一样的。"

什么是"裸辞"？指的是还没找好下家就辞职，不考虑后路，意味着决然的离开。

大多数人在考虑离职的时候，几乎都是因为"我不满意现在的状态"，只有少数人想到"我的目标是什么"。只有你目标清晰了，才不会在选择的时候走错路。所以，如果你正在考虑离职，其实最应该想清楚的是："我到底在追求什么？"以及"我和目标之间的距离，是不是离职可以解决的？"

我三十几岁的时候，公司提供了一个内部轮调的机会，我可以从人力资源经理调转到营销企划部当经理。我当时从事人力资源管理工作已经有 8 年时间，我问自己将来会不会一直在这家公司工作？答案是不会。我接着问自己，调到企划部当经理可以做多久？我想应该是 3～5 年。我最后问自己，如果 3～5 年后我离职，我可以在其他公司找到营销企划的工作吗？我觉得有点难，应该很少公司会聘请"大部分时间从事人力资源管理工作，只有 3～5 年营销经验"的人当企划经理。

问完这些问题后，我的目标就很清晰了。于是我婉拒了那次内部调转的机会，继续当 HR 直到我离职为止。

总而言之，先搞清楚自己追求什么、想达成什么目标，你就知道怎么面对职业生涯中的每一个选择了。

# 离职时,应该说实话吗?
## 先问问自己,主管是个什么样的人

我前段时间接受媒体的采访,谈了一个和离职有关的问题:"员工离职时该不该将真实原因告诉主管?"

每个职位的工作内容不同,以 HR 为例,在工作中很难明确体现出员工绩效的好坏。很多人力资源管理措施,老板支持就是对的,老板反对就是错的,老板对你信任与否非常重要。

就我这些年的经验而言,在职场中就事论事会让问题变得简单,若你对工作内容有问题就谈工作内容,对升迁有期望就谈升迁,对薪水有意见就谈薪水,不需要动不动就以"离职"为由进行要挟。

很久之前我就分享过一个故事。某位前辈在 A 公司任职,薪资福利不错,对工作也算满意。有一天他接到猎头的电话,问他想不想到 B 公司工作。他因为没有跳槽的打算,于是随口向猎头说出了自己的薪资期望(大概比自己现在的年薪多了 100 万新台币),以让对方知难而退。结果对方非但没有退却,还欣然答应。他这才意识到,原来自己的身价如此之高。

他还是没有打算离职，但也不想委屈自己，于是跟老板提到 B 公司愿意多出 100 万聘请自己的事情，说只要公司愿意在他原来年薪的基础上多出 50 万，他就留下来。最后总经理答应加薪 35 万，他留了下来。

半年之后，他不小心搞砸了一个项目，开始在公司里听到一些闲言碎语。有人对他转述了总经理的抱怨："早知如此，半年前就不给他加薪让他去 B 公司好了，我们也不会犯这样的错误。"没多久，他离开 A 公司。

我一直记住这个故事。如果我对薪酬不满意，我会直接和主管谈，要么他接受我的请求，要么他拒绝，如果我因为他拒绝而离职，我需要告诉他真实原因吗？这样做对整件事还有帮助吗？

在我当 HR 的某段时间，我和主管谈过我对升迁的期望，他斩钉截铁地说，我还要待上三四年才有资格升到人资经理一职。当时的我很不服气。巧的是，就在那次谈话之后，有公司让我过去当人资经理。经过面试后，我决定离职前往该公司任职。如果是你，你觉得我应该告诉主管我是为了升迁而离职吗？

但如果你真的想坦诚相告，唯一可能的理由是，你和主管交情不错或者公司过去待你不薄，你希望通过提出意见，让这个公司变得更好。

很荣幸，我遇到过两位下属，他们在离职的时候都愿意告诉我真心话。员工在离职时对你说出真心话，确实可以起到让你自我反省的作用，小到自己的管理风格、工作分配，大到公司的组织文化、薪资福利。

在职业生涯规划中，明确自己的定位和目标，是良性发展的第一步。

也有很多公司在员工离职时举行"欢送会"这一类的活动，试图和离职员工保持一定的关系，或者说想听到一些有建设性的意见。

问题是，你的公司或主管能听进离职员工的建议并进行反省和检讨吗？

我以前工作过的一家公司，董事长把离职的员工当作叛徒一样看待，还特别交代 HR 在这些人的基本资料上备注上"永不录用"。这简直太可笑了，因为几乎没有离职者有回任的打算，做这样的备注大概只是自我安慰罢了。我也不止一次听到过，有员工对主管坦白告知离职的真实原因后，主管不仅没有反省，还急于为公司辩解，最后双方吵了起来。

对公司而言，离职员工所提的建议究竟有没有参考价值？答案是肯定的。我在一家高科技公司任职过，经历了公司由盈转亏的阶段，当时公司几乎阻挡不了优秀员工纷纷离职的趋势。有一天，我将心中的想法告诉主管："公司不该让人才流失，应该大幅加薪留下优秀员工……"主管沉吟了片刻后回答我："如果有一天你找到了更好的工作，我同样祝福你。"

现在回想起来，觉得当年的自己真的太幼稚无知了。确实，并不是所有员工提的建议对公司都有正面帮助，就像顾客的心声一样，并非所有顾客的意见都是对的，但不代表公司可以漠视。就算离职员工的建议是出于误解或偏见，但我仍然觉得，公司花一些时间和离职员工沟通是非常有必要的。

那些平时愿意花时间和下属沟通的主管，员工在离职时多半会告诉他真心话。而那些平时不愿意听下属意见的主管，即使员工在

> 如果搞砸了一项工作，
> 你必须保证自己是第一个向老板报告坏消息的人。

离职时提意见，他也不太听得进去。

现在，让我们回到最初的问题："离职时，是否应该将真实的原因告诉主管？"

我觉得，你首先应该问问自己：你的主管是个怎么样的人？他虚心好学还是刚愎自用？他心胸开阔还是气量狭窄？他与下属相处是平起平坐还是高高在上？

当你问完这些问题，心中自然就有了答案。

# 中资海派
## 为精英阅读而努力

**不着痕迹，获取深入人心的认同**

运用联结型沟通技巧
实现影响力的加速度

◆ 降价以增加销量，创造价值再提价，哪个更能增加盈利？
◆ 兼并实力强大的对手以实现规模经济，收购初创企业以获取新技术，哪个更能巩固竞争优势？
◆ 培育开发人才，还是再造流程，哪个更能提高组织生存力？

如今，影响力不再是一种驱使他人为自己做事的手段，真正的影响力是通过理解他人的立场、无私地给予、尽力争取双赢的结果，从而建立起长久的、稳固的人际联结。

在这本书中，两位作者用简单易懂的语言和大量的真实案例，描绘出一幅清晰的蓝图，告诉大家如何运用真诚沟通和同理心来制造共鸣，如何调动他人的积极性来赢得认同，最终掌握这门"从偶遇中发现机遇"的联结型沟通艺术。

[美] 马克·郭士顿　约翰·厄尔曼 著
苏　西 译

中资海派策划
定　价：38.00元

**持久的影响力往往来自于每一个眼神接触、每一个细微动作、每一次真诚的换位倾听**

# "iHappy 书友会"会员申请表

姓　名（以身份证为准）：_____； 性　别：_____；
年　龄：_____； 职　业：_____；
手机号码：_____； E-mail：_____；
邮寄地址：_____； 邮政编码：_____；
微信账号：_____（选填）

请严格按上述格式将相关信息发邮件至中资海派"iHappy 书友会"会员服务部。
邮　箱：zzhpHYFW@126.com
微信联系方式：请扫描二维码或查找 zzhpszpublishing 关注"中资海派图书"

| 优惠订购 | 订阅人 | | 部门 | | 单位名称 | | |
|---|---|---|---|---|---|---|---|
| | 地址 | | | | | | |
| | 电话 | | | | 传真 | | |
| | 电子邮箱 | | | 公司网址 | | 邮编 | |
| | 订购书目 | | | | | | |
| | 付款方式 | 邮局汇款 | 中资海派商务管理(深圳)有限公司<br>中国深圳银湖路中国脑库 A 栋四楼 | | | 邮编：518029 | |
| | | 银行电汇或转账 | 户　名：中资海派商务管理（深圳）有限公司<br>开户行：招行深圳科苑支行<br>账　号：81 5781 4257 1000 1<br>交通银行卡户名：桂林　　卡　号：622260 1310006 765820 | | | | |
| | 附注 | 1. 请将订购单连同汇款单影印件传真或邮寄，以凭办理。<br>2. 订阅单请用正楷填写清楚，以便以最快方式送达。<br>3. 咨询热线：0755-25970306 转 158、168　传　真：0755-25970309 转 825<br>E-mail：szmiss@126.com | | | | | |

→利用本订购单订购一律享受九折特价优惠。
→团购 30 本以上八五折优惠。